Ethiek de basis

Morele competenties en normatieve professionaliteit

Wieger van Dalen

Vierde druk

Noordhoff Groningen/Utrecht

Ontwerp omslag: Michiel Uilen
Omslagillustratie: Sasun Bughdaryan, AdobeStock
Cartoons: Auke Herrema
Pagina 92: Willem Elsschot, *Het Huwelijk/Le Mariage*, Pelckmans uitgevers nv, 2019

Eventuele op- en aanmerkingen over deze of andere uitgaven kunt u richten aan: Noordhoff Uitgevers bv, Afdeling Hoger Onderwijs, Antwoordnummer 13, 9700 VB Groningen of via het contactformulier op www.mijnnoordhoff.nl.

MIX
Papier van verantwoorde herkomst
FSC® C118189
FSC www.fsc.org

0 / 21

ISBN 978-90-01-73884-6
NUR 737

Woord vooraf

In 1995 constateerde de Nederlandse filosoof Hans Achterhuis dat het moderne milieudebat doordrenkt was met een constant gemoraliseer over hoe we behoren te werken en te leven. Toen was dit een opzienbarende uitspraak. Nu, 25 jaar later, kunnen we gerust zeggen dat het moreel beoordelen van ons werk en leven, een constante factor is geworden in onze samenleving. Dit betekent dat studenten die zich voorbereiden op een professioneel functioneren in welk beroep dan ook, moeten beschikken over een morele gereedschapskist waarmee ze de morele vragen in hun werk kunnen aanvatten. Deze kant van het vak wordt ook wel *normatieve professionaliteit* genoemd; het vermogen om morele vragen zorgvuldig te formuleren, te overdenken en te beantwoorden. Een afgestudeerd professional kan niet meer zonder.

In dit boek komen de termen duurzaamheid en maatschappelijk verantwoord ondernemen (MVO) niet voor. Ten eerste omdat deze begrippen een moraliserend effect hebben op een gesprek. Daarmee wordt onder tafel geschoven wat ik juist op tafel wil hebben, namelijk de vraag: wat is verantwoord gedrag in deze situatie? Ten tweede omdat duurzaamheid en MVO veel morele keuzes op managementniveau opleveren, maar veel minder vragen op het niveau van de beginnende professional. En dit boek is juist geschreven voor deze laatste groep, de beginnende afgestudeerde.

In tegenstelling tot wat gangbaar is, gebruik ik in dit boek de formulering 'hij of zij' als ik over een mens in de derde persoon enkelvoud spreek. Het is mijn morele overtuiging dat een gelijke behandeling van de seksen, ook in een tekst, belangrijker is dan de veelgehoorde argumenten van teksteconomie en leesbaarheid.

Veel mensen hebben een bijdrage geleverd aan dit boek, soms zonder dat ze het zelf weten. Ten eerste zijn daar de studenten die me elk jaar weer verrassen met waardevolle opmerkingen en inzichten. Daarnaast zijn er mijn collega's Pascal de Vries, Ad Marijs en Huib Zegwaart, met wie ik samen mag werken; en Harry Donker, wiens vertrouwen in een goede afloop van grote waarde is geweest. Dank daarvoor.

Schoonebeek, voorjaar 2020
Wieger van Dalen

Inhoud

Inleiding

Morele meningsverschillen tref je overal aan, thuis en op het werk. Als een morele discussie onderdeel is van je werk, is het zaak goed beslagen ten ijs te komen. Functioneren in een moreel debat is onderdeel van je professionaliteit. Vandaar dat een morele competentie, de vaardigheid moreel verantwoord gedrag te vertonen, onderdeel is van elk curriculum in het hoger onderwijs. Dit boek richt zich erop te leren begrijpen wat je zelf al vindt. Het wil je leren hoe je kunt uitleggen aan een ander waarom je een bepaalde morele mening hebt. In de eerste twee hoofdstukken van dit boek worden de krijtlijnen van het speelveld van de moraal getrokken. We leggen uit wat een morele mening is en wat het hebben ervan betekent voor je samenwerken. Daarmee wordt ook duidelijk waarom een morele mening zo vaak een discussie uitlokt.

Het leerproces dat dit boek beoogt, loopt langs drie routes. De eerste route is die van de conceptuele verheldering van morele begrippen; de theorie dus. Een groot deel van dit boek bestaat uit het uiteenrafelen van de betekenis van morele containerwoorden als verantwoordelijkheid, rechtvaardigheid en integriteit. Het idee hierachter is dat je eerst de woorden waarmee je je morele mening vormgeeft, goed moet begrijpen. De ene verantwoordelijkheid is de andere verantwoordelijkheid niet. Rechtvaardigheid kan héél verschillende zaken betekenen. Als je de nuances van het woord begrijpt, doorzie je ook beter de nuances van je mening, en wellicht de nuances in andermans mening. De hoofdstukken 3 tot en met 6 zijn vooral gericht op het begrijpen van begrippen. Ze moeten bestudeerd worden met de bedoeling en als resultaat het te snappen.
Een tweede route waarmee we onze morele mening beter leren uitleggen, is de methode van een beheerste confrontatie met de mening van een ander. De vragen en opdrachten in dit boek en op de ondersteunende website (www.ethiekdebasis.noordhoff.nl), zijn geschreven om in samenwerking te maken. Ze hebben steeds zo'n vorm dat je in aanraking komt met andermans morele oordeel. Deze confrontatie werkt verhelderend omdat hij relativeert en omdat hij zicht geeft op nieuwe argumenten en afwegingen. Waarschijnlijk kun je van je studiegenoten meer leren dan van dit boek. Gebruik die mogelijkheid.
Een derde route van het leerproces is de 'terloopse' confrontatie met morele vergezichten. Dit gebeurt door middel van allerlei quotes, reflectievragen, introductievragen bij elk hoofdstuk, voorbeeldcasussen en soms zelfs morele tips. Deze elementen zijn bedoeld om terloops tot je te nemen. Soms zullen ze je verder helpen. Soms zullen het open deuren zijn die je al lang kent. En soms zullen het open deuren lijken die later veelbetekenend zijn. Bestudeer deze elementen zoals je een nieuwe klasgenoot tegemoet treedt; wees nieuwsgierig en laat je verrassen, maar maak er geen studie van.

In de hoofdstukken 7 en 8 ten slotte brengen we theorie en praktijk bij elkaar. In hoofdstuk 7 leggen we uit hoe een moreel leerproces eruit kan zien door twee modellen van morele ontwikkeling weer te geven. In hoofdstuk 8 door een stappenplan te bespreken waarin alle theoretische kennis is geïntegreerd.

Verontwaar-
diging is
een gevolg
van, geen
reden voor
een moreel
oordeel.

1 Moraal begint bij je mening

Je mening; wat is dat eigenlijk?
Waarom word je kwaad over gedrag van een ander?
Hoe weet je wat je vindt?
Waarom vind je wat je vindt?
Telt je mening altijd mee?
Ben je het altijd met jezelf eens?

Wat is ethiek? Wat is moraal? Het zijn twee begrippen waarmee we een bepaalde manier van kijken, een zienswijze op ons leven aanduiden. Wat die zienswijze is, die morele kijk, zetten we uiteen in dit eerste hoofdstuk. Moreel kijken begint bij het hebben van een mening. In paragraaf 1.1 leggen we uit wat je aan het doen bent als je moreel kijkt en bespreken we het resultaat van moreel kijken. We noemen het resultaat van moreel kijken een moreel oordeel. Vervolgens geven we vijf kenmerken van morele oordelen om deze oordelen beter te herkennen. Met behulp van deze kenmerken kunnen we in paragraaf 1.2 de begrippen 'ethiek' en 'moraal' omschrijven. Het wordt dan ook duidelijk waarom er over morele kwesties altijd zoveel gedoe is. In de laatste twee paragrafen bespreken we waarom kennis van ethiek en moraal soms nodig is in je dagelijks werk (1.4) en wat je in dit boek dus kunt leren (1.3).

1.1 Je mening komt vanzelf

Iets goed of slecht vinden is eigen aan het dagelijks leven. Meerdere keren per dag spreken we onze waardering of onze afkeer uit over iets dat we meemaken. We *beoordelen* de wereld om ons heen. Zo'n oordeel kan gaan over een auto die kapot gaat (balen!), over de macaroni die je eet (héérlijk) of over gedrag van mensen. Als zo'n oordeel gaat over gedrag van mensen en hoe ze met elkaar omgaan, dan spreken we van een *moreel oordeel*. In een moreel oordeel spreek je uit wat je behoorlijk vindt van jezelf en van anderen. Je geeft aan hoe je verwacht dat die ander met jou of anderen om zou *moeten* gaan. We geven drie voorbeeldzinnen waarin zo'n oordeel besloten ligt.

Moreel oordeel

- De docent statistiek laat je nou nóóit eens een keer uitpraten!
- Ik vind het wel lullig dat Chris de verkering uitmaakte via WhatsApp.
- Ellen, kon je nu niet éven op me wachten voordat je naar de trein loopt?

Je verwacht dat je kunt uitspreken in de statistiekles. Je verwacht dat Chris de moed heeft persoonlijk de relatie te beëindigen. En je verwacht dat Ellen even op je wacht als je beiden naar het station moet. Uit deze alledaagse voorbeelden blijkt dat moreel oordelen een onderdeel is van het dagelijks leven. Het is zo normaal zelfs, dat het oordelen vaak vanzelf gaat. Je denkt er niet over na vóórdat je het doet. We noemen zo'n moreel oordeel dat vanzelf komt, een *intuïtief moreel oordeel*. Zoals het woord al zegt, oordeel je automatisch, net zoals fietsen automatisch gaat. Het valt niet op dat je het doet.

Intuïtief moreel oordeel

> Een intuïtief moreel oordeel is een moreel oordeel dat kant-en-klaar ontstaat in je bewustzijn zonder dat je erover na hoeft te denken.

Echter, als de ander het niet met je eens is, dan valt het op dat je oordeelt. Stel je voor dat een klasgenoot reageert: '*Nou ja, ik snap dat wel hoor, dat de docent je onderbreekt. Zij moet de les ook voor de anderen interessant houden.*' Je intuïtieve morele oordeel wordt dan bewust. Het gebeurt dan vaak dat er een gesprek ontstaat, of een discussie, over het standpunt. Omdat we deze discussies en de standpunten beter willen begrijpen, gaan we nu eerst kijken hoe morele oordelen er uitzien.

REFLECTIEVRAGEN

1.1 Welke morele oordelen heb jij uitgesproken de afgelopen dagen? Schrijf er een paar op, precies zoals je ze uitsprak.
1.2 Gebruikte je een indirecte formulering of een heel duidelijke uitspraak?

Wat is dat, een moreel oordeel?

Moreel oordeel

We geven vijf kenmerken waarmee we morele oordelen kunnen herkennen.

1 Een moreel oordeel gaat over menselijk gedrag

Een moreel oordeel gaat altijd over *gedrag van mensen*. Het betreft niet de kwaliteit van een laptop, het gaat niet over het mooie weer of over de spannende film van gisteravond. Morele oordelen zijn een oordeel over gedrag van mensen. Als een hond jou bijt, dan voel je wellicht van alles, maar een moreel oordeel in deze situatie gaat over de eigenaar van de hond ('Je mag hem niet loslaten!') of over jezelf ('Ik had niet over het hek moeten klimmen').

2 Een moreel oordeel overstijgt het individuele
Wat ik voor mij goed vind om te doen, verwacht ik ook van jou. En dat wat ik in jouw gedrag afkeur, kan ik zelf ook niet maken. Dit snappen alle kinderen op de wereld. Als de één een snoepje mag, dan mag de ander het ook. We noemen dit het *universaliteitsprincipe*. Het universaliteitsprincipe houdt in dat morele oordelen inherent veralgemeniseerbaar zijn. Een morele uitspraak over iemand in een situatie is meteen een uitspraak over alle mensen in dezelfde situatie. Als Kevin en Charlotte te laat de klas binnenkomen en een uitbrander krijgen van de docent, dan verwacht iedereen dat Kayley, die daarna nog binnenkomt, ook een uitbrander krijgt. Als dit niet gebeurt, kijkt iedereen vreemd op. Ja toch?

Universaliteits-principe

Iedereen snapt het universaliteitsprincipe.

3 Een moreel oordeel is normatief
Een moreel oordeel gaat over hoe je *behoort* te handelen. Het schrijft voor wat je moet doen. Echter, een voorschrift hoe je behoort te handelen kan ook een recept zijn om koekjes te bakken. Dat schrijft immers ook voor wat je moet doen. En een recept volgen is niet wat we gewoonlijk moreel handelen noemen. Daarvoor is een vierde kenmerk van moreel oordelen nodig.

Als je met een vinger naar een ander wijst, wijzen er drie terug.

4 Een moreel oordeel is gericht op het goede
Morele oordelen zijn gericht op zaken die op zichzelf goed of nastrevenswaardig zijn. Begrippen als vrijheid, rechtvaardigheid, eerlijkheid, inzet; het zijn allemaal zaken waarvan je niet verder hoeft uit te leggen waarom ze goed zijn. Gecombineerd met de andere kenmerken betekent dit dat morele oordelen altijd gaan over goed samenleven.

Goed samenleven

5 Een moreel oordeel kan morele verontwaardiging veroorzaken
Een laatste kenmerk van morele oordelen is dat het een heel specifiek soort emotie, *morele verontwaardiging*, los kan maken bij mensen. Je kent het wellicht zelf wel dat je boos wordt als iemand je oneerlijk behandelt. Het oordeel 'dat is niet eerlijk' veroorzaakt een verontwaardiging. Deze verontwaardiging is een gevolg van het oordeel en niet het oordeel zelf. De verontwaardiging is dus ook geen reden voor het oordeel. De wijze waarop je behandeld wordt, is niet immoreel *omdat* je er verontwaardigd over bent. Je bent verontwaardigd omdat je immoreel behandeld wordt. Een moreel oordeel is geen gevoel. Het brengt wel vaak een bepaald gevoel met zich mee.

Morele verontwaardiging

Verontwaardiging is een gevolg van een moreel oordeel, geen reden ervoor.

1

Wat doe je als je oordeelt

Morele oordelen hebben iets te maken met bepaalde gevoelens, maar ook weer niet. Dit vraagt om de nodige verheldering. Wat gebeurt er nu precies als je een moreel oordeel hebt? Om dit begrijpen, maken we een onderscheid tussen drie verschillende zaken:

1 Subjectief. Je *voelt* dat je het oneens bent met de ander. Het oordeel brengt een bepaald gevoel met zich mee.
2 Objectief. Je weet wat je mening is. Je *kent* je oordeel.
3 Normatief. Je *oordeelt* dat iets goed of slecht is. Je vindt dat het goed is.

Subjectief

Dit lichten we toe. De begrippen subjectief en objectief ken je wel. Subjectief is wat je voelt in je binnenste, wat je ervaart. Niemand kan daar bij. Het is alleen van jou. Je kunt bijvoorbeeld zeggen dat je hoofdpijn hebt, maar een ander kan jouw hoofdpijn niet voelen! Zelfs als degene tegen wie je het zegt, reageert met 'Ik heb ook hoofdpijn', dan nog hebben jullie niet dezelfde hoofdpijn. Jullie hebben elk je eigen hoofdpijn. Dat is altijd zo bij subjectieve zaken. Ieder heeft een eigen ervaring, een eigen subjectiviteit.

Kennis van de ervaring is niet de ervaring.

Objectief

Heel anders ligt dit met objectieve zaken. Objectief is juist buiten jou, onafhankelijk van jou en voor iedereen hetzelfde. Kennis, bijvoorbeeld, is onafhankelijk van wie het heeft. Het kan in een boek staan. Je kunt het leren. De kennis verandert daar niet door. Het blijft hetzelfde, ook als je klasgenoot het ook leert. Je hebt dan beide dezelfde kennis. Kennis is objectief zeggen we dan. Er is één waarheid, één objectieve manier van kennen (los van het feit dat het niet altijd lukt om deze waarheid te vinden).

TIP
Moreel oordelen gaat onopgemerkt.

Bijzondere vermelding in deze bespreking betreft de op zich ware uitspraak '*iedereen heeft een eigen waarheid*'. In sociale opleidingen wordt geleerd dat iedere cliënt zijn of haar eigen waarheid heeft. Hiermee wordt bedoeld dat het niet uitmaakt of overtuigingen van een cliënt waar of onwaar zijn. Het heeft geen zin erover te zeggen of het 'waar' of 'onwaar' is wat een client zegt. Als je met de cliënt in gesprek wilt blijven en deze wilt helpen, dan moet je aansluiten bij de beleving van de cliënt, en uitgaande van de uitspraken van de cliënt, een ontwikkeling opbouwen die de cliënt verder helpt. Deze ontwikkeling is een persoonlijke, een subjectieve ontwikkeling, maar daarmee niet minder relevant. In de sociale sector gaat het juist daarom. Daarom is het uitgangspunt, ieder heeft een eigen waarheid.

Ieder heeft een eigen waarheid.

Een groot probleem voor de moraal is dat we denken dat het bij deze twee categorieën, subjectief en objectief, blijft. Dat er alleen subjectieve ervaringen zijn en objectieve kennis is, en niets meer. Hiermee vallen morele oordelen tussen wal en schip. Morele oordelen zijn namelijk niet subjectief en niet objectief. Objectief zijn ze niet, want we kunnen het kennen van onze oordelen niet uitbesteden aan een deskundige. Iedereen moet zelf zijn of haar mening vormen. Maar subjectief kunnen ze ook niet zijn. Als je morele oordeel alléén een kwestie is van 'wat je van binnen voelt', dan hoeven we er geen discussie over te voeren. Je kunt immers niet discussiëren over 'hoe jij je voelt'. Dat is alleen van jou. Het is onzinnig om te zeggen 'Ik vind het onzin dat je hoofdpijn hebt'.

Moreel oordelen is niet 'voelen wat je vindt'.

Een moreel oordeel is dus niet subjectief en ook niet objectief. Maar wat is het dan wel?

Normatief

Een moreel oordeel is normatief. We kijken nogmaals naar het onderscheid subjectief, objectief, normatief om beter te begrijpen wat normativiteit betekent. We beginnen met subjectiviteit.

Een gevoel is wat het is. Je bént je ervaring. Jij en je gevoel vallen samen. Jij bent niet te onderscheiden van je gevoel. In subjectiviteit is jouw ervaring alles wat er is. Er is niets méér dan het gevoel dat er is. Het is een punt die samenvalt met zichzelf. A rose is a rose is a rose. Bij objectiviteit ligt dit anders. Kennis is altijd kennis van iets. Je hébt kennis. Je bent niet de kennis. In objectiviteit onderscheiden we dus twee zaken; degene die kent, en dat wat gekend wordt. Objectiviteit is een verbinding tussen kenner en gekende. Het is een lijn die het een verbindt met het ander.

A rose is a rose is a rose

— Gertrude Stein

Dus subjectiviteit kun je je voorstellen als een punt en objectiviteit als een lijn tussen twee punten. In normativiteit wordt er weer iets toegevoegd. Het wordt een driehoek; een verbinding tussen drie punten. In een moreel oordeel vergelijk jij (punt 1) het gedrag waarover je oordeelt (punt 2), met morele idealen, principes (punt 3). Dit oordelen is een toekennen van een betekenis (goed of niet goed) aan het gedrag waarover je oordeelt, door het te vergelijken met de morele principes. In figuur 1.1 zie je de verschillen tussen de drie processen subjectiviteit, objectiviteit en normativiteit in je bewustzijn.

FIGUUR 1.1 Verschillende processen in je bewustzijn

Proces	Wat doe je?	Resultaat	Visueel
Ervaren (subjectiveren)	Je ervaart een binnenwereld in je bewustzijn	Gevoelens	Voelen Ik
Kennen (objectiveren)	Je representeert een buitenwereld in je bewustzijn	Feiten (kennis)	Ik → Kennen → Feit
Oordelen (normeren)	Je geeft betekenis aan gedrag door het te verbinden met idealen, principes	Morele oordelen	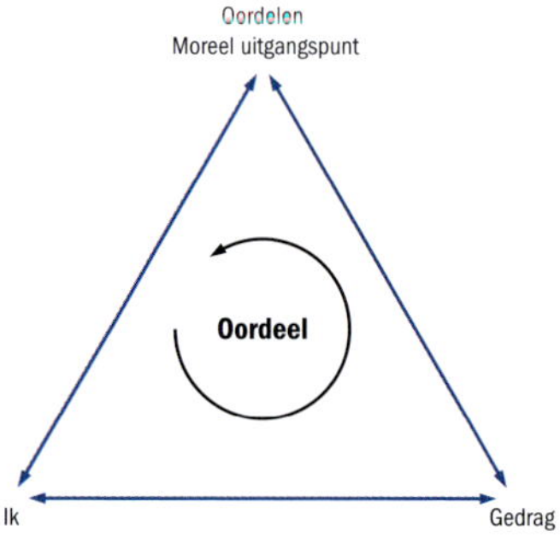

Morele principes

Goed samenleven

Deze morele principes die tevoorschijn komen in een moreel oordeel, zijn universeel. Niet in de betekenis van universele natuurwetten maar wel in de betekenis dat mensen van over de hele wereld ze herkennen als onderdeel van goed samenleven. We lichten dit toe aan de hand van een voorbeeld. Als je bijvoorbeeld een moreel oordeel uitspreekt: '*De docent statistiek behoort je uit te laten spreken.*' Dan zeg je eigenlijk, '*Het principe respect voor de ander is onvoldoende aanwezig in het gedrag van die docent, daarom keur ik dit af.*' Je verbindt het gedrag van die docent met het principe *respect voor anderen* en je oordeelt niet-goed. Dit oordeel is niet jouw gevoel en het is ook niet jouw kennis. Dit oordeel is een goed of slecht vinden in het licht van het universele morele principe respect voor anderen.

Waaruit bestaat een oordeel?

John Dewey

Een moreel oordeel is een proces waarin jij een standpunt uitvoert, een oordeel *voltrekt*. In dit proces ben jij betrokken. Jij bent actief degene die het moreel oordeel uitvoert. Je naam staat eronder; jij bent er verantwoordelijk voor. De Amerikaanse filosoof John Dewey formuleerde het onderscheid tussen subjectiviteit, objectiviteit en normativiteit als volgt: Je bent jezelf, je kent jezelf, en je kiest jezelf.

Je bent jezelf. Je kent jezelf. En je kiest jezelf.

— John Dewey

Het wordt nu ook duidelijk waarom de woorden subjectief en objectief niet geschikt zijn om morele oordelen te beschrijven. Enerzijds zijn morele oordelen persoonlijk in de betekenis dat ieder ze zelf te voltrekken heeft. Oordelen is iets wat jij zelf doet, en in die zin is het van jou afhankelijk. Anderzijds zijn de morele principes op basis waarvan je oordeelt, helemaal niet persoonlijk. De morele principes, de idealen, zijn juist uitwisselbaar en uitlegbaar aan anderen. De verzamelnaam voor alle idealen en principes is morele uitgangspunten. Een belangrijk kenmerk van morele uitgangspunten is dat ze universeel zijn!

Moreel uitgangspunt

Een moreel uitgangspunt is een omschrijving van iets dat op zichzelf nastrevenswaardig is betreffende menselijk samenleven.

We geven in figuur 1.2 een aantal voorbeelden van morele uitgangspunten die op zichzelf nastrevenswaardig zijn. Om het verschil duidelijk te maken met andere belangrijke zaken die echter niet op zichzelf nastrevenswaardig zijn, maar belangrijk omdat ze andere dingen mogelijk maken, zetten we die er in de kolom naast.

FIGUUR 1.2 Voorbeelden van morele uitgangspunten en erop lijkende zaken

Morele uitgangspunten	Zaken met een extern doel die erop lijken
Een goed leven	Veel verdienen
Eerlijk zijn tegen je vrienden	Kleding die anderen ook dragen
Inzet (op school)	Je diploma
Vriendschap	Veel vrienden hebben
Ik wil de wet niet overtreden	Een boete ontlopen
Gezondheid	Gezond eten
Je moet dieren met respect behandelen	Smakelijk hondenvoer
Aandacht voor je medemens	Aandacht van je medemens

Het wordt nu ook duidelijk wat morele oordelen zijn.

Moreel oordeel

Een moreel oordeel is een waardering van menselijk gedrag aan de hand van morele uitgangspunten.

In morele oordelen zijn altijd morele uitgangspunten herkenbaar. Soms worden ze expliciet genoemd in een oordeel. Bijvoorbeeld als je zegt dat iets niet eerlijk is of onrechtvaardig. Eerlijkheid en rechtvaardigheid zijn twee voorbeelden van morele uitgangspunten. Vaak ook blijven morele uitgangspunten impliciet in een uitspraak. Als iemand uitroept 'Belachelijk!' is het duidelijk wát die persoon vindt maar waarom hij of zij dit standpunt heeft, is onduidelijk.

Een moreel oordeel kun je uitwisselen als kennis en voelen als een emotie.

1

Wat gebeurt er als je morele oordelen uitspreekt tegen elkaar? Een moreel oordeel kun je uitwisselen als kennis en voelen als een emotie. Een moreel oordeel kan voor meerdere mensen gelijk zijn. En dat kunnen we weten van elkaar. Over morele oordelen kun je het immers eens zijn. Dit eens zijn over morele oordelen vergt wel het nodige overleg. Je moet goed met elkaar praten voordat duidelijk is dat je het eens bent over een moreel oordeel. In paragraaf 1.2 leggen we uit hoe zo'n gesprek over morele oordelen eruitziet en wat daarvoor nodig is.

REFLECTIEVRAGEN

1.3 Schrijf een aantal uitspraken op waarmee je het de laatste tijd eens was.
1.4 Hoe weet je nu dat je het eens was met die persoon of die uitspraak? Beschrijf het proces dat zich afspeelde bij jou toen je het eens was. Hoe ging dat? Wat gebeurde er?
1.5 Welk gedrag roept bij jou morele verontwaardiging op? Waarover maak jij je druk?

1.2 Hoe werkt dat als je samenwerkt?

Omdat een moreel oordeel gebaseerd is op morele principes die universeel zijn, strekt een moreel oordeel zich uit buiten jou als persoon. Een moreel oordeel overstijgt het individu. Wat zijn hiervan de gevolgen?

Morele oordelen verleiden tot een gesprek

Stel je bijvoorbeeld voor dat er in een projectgroep een gesprek ontstaat over de vraag of je op tijd moet komen. Zo'n gesprek goed voeren betekent het uitspreken van oordelen, het onderbouwen van je oordeel met argumenten, het wegen van deze argumenten et cetera. In zo'n gesprek herzie of nuanceer je je eigen oordeel wellicht ook. Wat je dan doet, is niet het leren kennen van een gezamenlijke buitenwereld (objectief), of het ervaren van een persoonlijke binnenwereld (subjectief), maar een *samenstellen* van een met anderen gedeelde *tussenwereld*. In een gesprek vorm je je eigen morele oordeel en vormen de anderen hun oordeel en bespreek je de overlap en de verschillen van de oordelen. In zo'n gesprek wordt duidelijk waarover je het eens bent met elkaar, en in hoeverre je het oneens bent. Zo'n gedeeld moreel oordeel van meerdere mensen of een groep noemen we *moraal*.

Buitenwereld
Binnenwereld
Tussenwereld

Moraal

> Moraal is het geheel van gedeelde morele oordelen van een groep dat ontstaat in een gesprek. Het is het geheel van morele regels waaraan wij onszelf en anderen in redelijkheid gehouden achten.

Een moreel gesprek leidt tot een moraal

Het woord moraal is gevallen. Vaak wordt dit woord in een adem genoemd met ethiek. Dat is ook niet zo gek, want oorspronkelijk betekenen de woorden hetzelfde. Ethiek komt van het Griekse woord 'ethos' en moraal van het Latijnse 'mores'. Beide woorden betekenen 'gewoonte, gebruik'. En het Grieks en Latijn zijn nu eenmaal de talen waarin voor het eerst in onze cultuur systematisch over onze zeden werd nagedacht. Vandaar dat we het woord ervoor uit die talen hebben overgenomen. Hiermee zijn we meteen gekomen op het verschil in betekenis tussen ethiek en moraal. Moraal is, zo hebben we gezien, het geheel van morele regels. Het begrip *ethiek* reserveren we voor de betekenis 'studie, de wetenschap van de morele regels'.

> Ethiek is de wetenschap die moraal bestudeert en die tracht de moraal verder te helpen door nieuwe argumenten te ontwikkelen en te gebruiken in afwegingen.

Ethiek

Uit deze omschrijving van moraal wordt duidelijk dat de moraal kan verschillen tussen groepen mensen. En dat kennen we ook in ons leven. Je komt bij een vriend of vriendin thuis en merkt dat de mores daar anders is. Op vakantie in een ander land word je ook geconfronteerd met de andere zeden en gebruiken. En – en nu komen we bij de doelstelling van dit boek – in je vakantiebaantje of op je stageplek zal ook blijken dat men er specifieke morele verwachtingen heeft over hoe je met elkaar en met de klanten omgaat. Elke organisatie en elk vakgebied heeft zijn eigen verzameling morele oordelen, zijn eigen moraal.

Morele verwachtingen

Normen en waarden zijn universeel. Het zijn de morele oordelen die verschillen tussen mensen.

De moraal van een familie, organisatie of cultuur wordt vaak aangeduid met de *normen en waarden*. Dit is een onjuiste term want het zijn niet de normen en waarden die verschillen, maar de morele oordelen van die groep. In Nederland bijvoorbeeld, is men van oordeel dat je elkaar aan behoort te kijken als je met elkaar spreekt. In veel Aziatische landen is de moraal dat je dit juist niet doet. Dit zijn verschillen in morele oordelen, verschillen in moraal tussen deze landen. In beide landen draait het om respect voor de ander. Respect is het universele morele principe dat deze landen wel degelijk delen. Een ander woord voor universele principes is normen en waarden.

Normen en waarden

TIP
Spreek je verwachtingen uit. Formuleer wat je van een ander verwacht.

Normen en waarden zijn universeel. Iedereen is voor respect. Iedereen is ook voor individuele vrijheid. Echter, de afweging tussen respect en vrijheid in specifieke situaties kan verschillen in verschillende culturen. Het zijn dus niet de normen en waarden die verschillen maar de moraal, dat wil zeggen: de verzameling morele oordelen in concrete situaties, die verschilt tussen (groepen) mensen. Wat betekent dit voor het gesprek over moraal?

Het gesprek over moraal is overal

Moraal is het product van een gesprek in een groep. De moraal van een groep is nauw verbonden met het voeren van een gesprek. Maar als we zeggen dat moraal leidt tot gesprek, dan heeft het woord gesprek hier een heel brede betekenis. Het kan een echt gesprek zijn tussen twee studenten die afspreken dat ze op elkaar wachten voordat ze naar de trein gaan. Het kan een docentenvergadering zijn van twintig mensen met een voorbereid agendapunt waar al veel discussie over is geweest, en waarin de voorzitter aankondigt dat men 'nu tot een besluit moet komen'. Het kan een hogeschool of universiteit zijn waar al maanden op allerlei wijzen gepraat wordt over of men op moet treden tegen digitaal pesten op het computernetwerk binnen de instelling. Maar er is ook sprake van een continu moreel 'gesprek' in de samenleving. Als samenleving vormen en hervormen wij voortdurend onze moraal door middel van interactie en communicatie. Op maatschappelijk niveau gebeurt dit onder andere door de televisieprogramma's waar we naar kijken, de politici die we aanhoren of de kranten die we lezen. Zo is er in de afgelopen jaren veel gepraat over onze verantwoordelijkheid voor het milieu.

REFLECTIEVRAAG

1.6 Sla een krant open en kijk. Welke morele oordelen liggen besloten in de koppen of de artikelen?

Het gesprek over moraal noemen we vertoog

De betekenis van het woord 'gesprek' is hiermee zo opgerekt, dat we een nieuw woord voor dit verschijnsel introduceren. We gebruiken het woord *moreel vertoog* om aan te geven dat een groep mensen interactie heeft en daarmee haar moraal vormt. Het woord interactie kan hier nog van alles betekenen: roddelen in de koffiepauze, politieke debatten, whatsappen met je vrienden, ingezonden stukken in de krant, tv kijken et cetera.

Moreel vertoog

Het moreel vertoog is het geheel aan communicatie en interactie waarin mensen hun morele oordelen, en daarmee hun moraal, vormen en op elkaar afstemmen.

De informatie- en communicatierevolutie die de afgelopen drie decennia heeft gewoed, heeft grote invloed op dit maatschappelijk vertoog. In de tijd dat jullie ouders verkering hadden, spraken ze elkaar met tussenpozen van een paar dagen of meer. Als er onbegrip of onenigheid was, fietsten ze die avond naar huis en zeurden tegen een broer of zus. De volgende dag belden ze misschien met de huistelefoon die centraal in het woonhuis stond, waardoor een gesprek niet privé was. Vergelijk dit met de snelheid van communicatie nu. Op de fiets naar huis whatsapp je met vrienden, of juist met je vriend(in), die er op dat moment ook over whatsappt met anderen. Als je thuiskomt kun je op social media al lezen dat het misverstand is opgelost, of je leest dat de verkering over is...

Het moreel vertoog is nu veel intensiever dan dertig jaar geleden.

Ook in organisaties zijn de gevolgen van de informatie- en communicatierevolutie zichtbaar. Via het office-pakket heeft heel de afdeling inzicht in de agenda van de leidinggevende en we werken allemaal op een flexibele werkplek. Het gaat er niet om dit als vooruitgang of achteruitgang te kwalificeren. Punt is dat de vorm waarin het moreel vertoog wordt gevoerd, verandert en wij veranderen mee. Kortom, in onze cultuur en in ons werk is de moraal doorlopend onderwerp van gesprek en daarmee is de moraal doorlopend in ontwikkeling.

We zijn continu in interactie met elkaar en vormen continu onze moraal.

Het voeren van een gesprek is niet alleen belangrijk voor het vormen van onze morele oordelen en onze moraal, maar ook voor ons professioneel functioneren. Elk beroep brengt zijn eigen morele kwesties met zich mee die een competente professional moet kunnen oplossen. Het is dus belangrijk dat we het morele gesprek goed kunnen voeren. Dat we vaardige gesprekspartners zijn, voor onszelf en voor onze collega's. In de laatste paragraaf bekijken we wat je moet kunnen om hierin goed te functioneren.

Professionals

REFLECTIEVRAAG

1.7 Wat was de laatste keer dat je een gesprek had over een moreel onderwerp? Beschrijf het onderwerp, de vorm van de interactie en het verloop van het gesprek. (Tip: het is nooit langer dan een of twee dagen geleden.)

1.3 Morele competenties

Wat moet je eigenlijk kunnen om een gesprekspartner te zijn in het morele vertoog? Kort samengevat komt het erop neer dat je zelf moreel moet kunnen nadenken en redelijke argumenten moet kunnen geven. Voor dit nadenken is het allereerst belangrijk dat je je morele intuïtie de baas wordt.

Morele intuïtie parkeren

Als je in een situatie terechtkomt waarover een moreel oordeel mogelijk is, dan komt dat oordeel meestal ook 'vanzelf'. Je kent vast wel het verschijnsel dat iemand iets doet en dat je daar meteen wat van vindt. Je hoeft niet na te denken over wat je oordeel is. Je weet het meteen. We noemden dit in paragraaf 1.1 een *intuïtief moreel oordeel*. Ieder mens heeft een morele intuïtie waarmee hij of zij in staat is direct en zonder al te veel na te denken te oordelen over een situatie. Echter, onze morele intuïtie is als een automatische piloot. Zij doet het prima, 95 procent van de tijd, maar je moet haar wel op tijd uitschakelen. Let wel, je morele intuïtie is niet fout, zij schiet alleen tekort bij ingewikkelde situaties.

Intuïtief moreel oordeel

Er zijn een aantal redenen waarom dit oordelen met behulp van je morele intuïtie tekortschiet in het functioneren van een professional:
1 Je morele intuïtie is niet uit te leggen aan anderen.
2 Als je alleen intuïtief oordeelt, kun je niet leren van je fouten en successen.
3 Je intuïtie bereidt je niet voor op nieuwe situaties.

Je morele intuïtie laat je in de steek in je nieuwe baan.

Morele vraag

We zien, kortom, een noodzaak tot het expliciet formuleren en onderbouwen van je morele oordeel. De manier waarop we dat doen, is door het morele oordeel te beschouwen als een antwoord op een morele vraag. We formuleren een vraag en kijken of we goede argumenten kunnen vinden om tot een antwoord te komen waar we achter staan. Dat is de functie van het stellen van een morele vraag. Het is een hulpmiddel om een proces op gang te krijgen waarin je je oordeel beter onderbouwt.

TIP
Als je een gesprek over morele standpunten hebt, verwoord dan je ervaringen die met je oordeel samenhangen.

Redelijke argumenten vinden

Morele argumenten

We beschouwen ons morele oordeel als een antwoord op een *morele vraag*. Dit is niet vanzelfsprekend en ook niet altijd eenvoudig, maar het is een hulpmiddel om ons oordeel beter te onderbouwen en uitleggen aan anderen, en waarin we beter kunnen oordelen in situaties die we nog nooit hebben meegemaakt. Een morele vraag moet een onderzoek op gang brengen dat je verder brengt in het begrijpen van een morele kwestie. We leggen dit uit aan de hand van een voorbeeld.

Als een docent erg boos wordt en in de emotie van boosheid vloekt in de klas, kun je van oordeel zijn dat dat niet mag. De redenen waarom je dat vindt, kunnen verschillen. Er zijn dus verschillende morele vragen die je hierbij kunt stellen:
- Mag een docent vloeken in de klas?
- Mag je vloeken in de klas?
- Mag een docent zijn of haar boosheid uiten in de klas?

Deze vragen wijzen in verschillende antwoordrichtingen. De eerste vraag wijst in de richting van de specifieke verantwoordelijkheid die een docent heeft voor een klas. De tweede vraag wijst veel meer op de algemene norm dat vloeken in het openbaar niet hoort. En de derde vraag gaat weer over andere zaken, namelijk de verantwoordelijkheid voor het leerproces en de rol van persoonlijke emoties. Misschien vind je wel dat studenten niets te maken hebben met de persoonlijke sores van een docent en dat hij of zij jullie er ook niet mee moet lastigvallen.

Dit is een voorbeeld van een situatie waarover je kunt oordelen 'dat hoort niet', maar je kunt dat om heel verschillende redenen vinden. Je kunt dus hetzelfde standpunt hebben maar om verschillende redenen. Je bent het dan niet echt met elkaar eens, al lijkt dat wel zo. En dit wordt een probleem als je in gesprek gaat over dat oordeel. Als je aan je desbetreffende docent of medestudenten wilt vertellen wat je vindt, moet je ook vertellen waarom je dat vindt. Je moet weten waar je oordeel eigenlijk over gaat. Om daar achter te komen moet je een morele vraag formuleren waar je intuïtieve oordeel een antwoord op kan zijn. Probeer maar eens. Welke van de drie hiervoor gestelde vragen vind jij het belangrijkst om te beantwoorden? Of vind je moreel niets van de situatie en dus geen van de drie vragen de moeite waard?

Als je hetzelfde oordeel hebt, hoef je nog niet hetzelfde uitgangspunt te delen.

Als je weet welke vraag jij belangrijk vindt, kun je op zoek gaan naar redelijke argumenten om tot een bevredigend antwoord te komen. Je bent dan op zoek naar de redenen waarom je vindt wat je vindt. De verzamelnaam voor morele redenen is 'morele uitgangspunten', die we al bespraken in paragraaf 1.2. In het volgende hoofdstuk gaan we verder in op deze redenen voor een moreel antwoord maar eerst kijken we in de volgende paragraaf naar de gevolgen van moraal voor je functioneren als professional.

REFLECTIEVRAAG

1.8 Herinner je een moment uit je leven waarvan je nu zegt: dat had ik anders moeten doen? Waardoor kwam het dat je over het hoofd zag wat je later wel bent gaan zien? Wat is er bij jou veranderd?

1.4 Ethiek en professioneel functioneren

Elke beroepsgroep heeft zijn eigen moraal. Dit heet dan de beroepsmoraal. Deze toont zich in details van gedrag en kun je herkennen als je leden van de beroepsgroep bij elkaar ziet, bijvoorbeeld in de opleiding. Op de School of Education (pabo) is de sfeer open en communicatief, want een leerkracht moet gemakkelijk communiceren met allerlei mensen. Op de opleiding voor Social Work is men ook open, maar meer individualistisch ingesteld. Er is meer diversiteit, want omgaan met verscheidenheid is een belangrijke vaardigheid voor sociaal werkers. En op de bouwkundeopleiding hecht men meer waarde aan de fysieke omgeving (het fietsenhok is er veel netter dan elders) en men is er precies. Elke beroepsgroep wordt gekenmerkt door bepaalde waarden die voor dat beroep belangrijk zijn.

De moraal van de professional kun je zien.

Voor moreel functioneren is het belangrijk om jezelf te verbinden met jouw morele argumenten. Als je spreekt in een moreel gesprek toon je wie je bent, en wat je belangrijk vindt. Je laat jezelf kennen. Mensen die dit kunnen, zichzelf laten kennen, noemen we integer. Integere mensen durven zich te laten kennen in hun morele oordelen. Ze weten dat professioneel functioneren ook een persoonlijk functioneren is, niet in de betekenis van subjectief maar in de normatieve betekenis. Je mag jezelf verbinden aan je professionele handelen. Als je dat durft, noemen we dat integriteit. **Integriteit**

Je gedrag toont, toetst en vormt wie je bent.

1

De relatie tussen morele uitgangspunten en gedrag is door de Amerikaanse filosoof John Dewey omschreven als:
1 Gedrag op basis van morele uitgangspunten onthult aan anderen wie je bent en graag wilt zijn. Men leert je kennen.
2 Gedrag op basis van morele uitgangspunten is ook een toets voor je persoon. Sta je voor wat je belangrijk vindt? Maak je het waar, ook als het moeilijk wordt? In moeilijke tijden leer je jezelf kennen.
3 Gedrag op basis van morele uitgangspunten vormt de persoon. Het uitvoeren van gedrag vergroot de kans dat je daarna hetzelfde gedrag vaker vertoont. Als het je lukt je mannetje (v/m) te staan in een moeilijke situatie, wordt de kans groter dat je later dat succes herhaalt. Je ontwikkelt jezelf.

Morele uitgangspunten zijn niet de heipalen waarop je karakter rotsvast is verankerd. Het zijn eerder de bouwstenen van je karakter die je aan de buitenkant kunt zien. Ze tonen zich in dagelijks gedrag en zijn doorlopend zichtbaar.

Zelfrespect

Dit is niet vrijblijvend en het vergt zelfrespect en moed om dit te realiseren. Wat betekent dit, dat je moedig moet zijn in een moreel gesprek?

Moed is een vorm van persoonlijke inzet die altijd wordt gewaardeerd door anderen. Als je iets durft ben je moedig. Toch is er ook een verschil tussen durf en moed. Iemand die met een elastiek om de enkels van een hoge kraan afspringt, heeft ongetwijfeld veel durf, maar we noemen zo iemand niet moedig. Wat is dan het verschil tussen durf en moed?

De moraal van de professional kun je zien.

Het verschil tussen durf en moed zit hem in het kennen van de redenen waarom je je vrees overwint. Alleen als je een morele reden hebt om je angst te overwinnen, dan toon je moed. Moed is dus altijd gericht op het moreel juiste, het goede. Neem bijvoorbeeld de situatie dat een kat hoog in de boom is geklommen en er niet meer uit durft. Als je hoogtevrees hebt, pak je niet zo snel een ladder om het dier te redden. Maar als het je morele overtuiging is dat een dier in nood geholpen moet worden, en als je omwille van die morele overweging met knikkende knieën de ladder opgaat, dan ben je moedig. Moed is dus het welbewust overwinnen van je angsten omwille van een morele reden.

Moed

> Moed is het onder ogen zien van je angsten, ze omwille van een morele overweging overwinnen en dit omzetten in gedrag.

Als je je zelf onder ogen komt, accepteer je dat je bang bent, en kiest om dit te overwinnen, dan kies je wie je bent. Je vormt jezelf. Je wordt wie je bent.

Het valt niet mee te worden wie je bent.

— Albert Camus

Moed heeft alles te maken met zelfrespect; als het een ontbreekt, ontbreekt het ander ook. En als je moedig bent, draagt dit bij aan je zelfrespect. Hiermee wordt duidelijk dat ethiek over niets minder gaat dan je ziel.

Schema van het boek

We kunnen nu het grote plan van het boek in een schema opstellen:

1 Om onze morele competentie te verhogen, moeten we onze morele oordelen beter onderbouwen.
2 Hiertoe formuleren we een morele vraag, waarop ons intuïtief moreel oordeel een antwoord kan zijn.
3 Deze vraag gaan we vervolgens systematisch beantwoorden.
4 In het proces van het systematisch beantwoorden van de vraag komen de relevante morele argumenten boven water.

A Return to Love

Our deepest fear is not that we are inadequate.
Our deepest fear is that we are powerful beyond measure.
It is our light, not our darkness, that most frightens us.
We ask ourselves, who am I to be brilliant, gorgeous, talented, and fabulous?
Actually, who are you not to be?
You are a child of God.
Your playing small doesn't serve the world.
There's nothing enlightened about shrinking so
that other people won't feel insecure around you.
We are all meant to shine, as children do.
We are born to make manifest the glory of God that is within us.
It's not just in some of us, it's in everyone.
And as we let our own light shine,
we unconsciously give other
people permission to do the same.
As we are liberated from our own fear,
our presence automatically liberates others.

Marianne Williamson, 1996

REFLECTIEVRAAG

1.9 Waar ligt jouw kracht? Waarmee kun je moeiteloos beginnen zonder dat je twijfelt dat je zult falen?

Samenvatting

Moreel oordelen gebeurt dagelijks in ons leven. Om morele oordelen te begrijpen maken we een onderscheid tussen drie processen in ons bewustzijn:

- ervaren (subjectief)
- kennen (objectief)
- oordelen (normatief)

Het resultaat van het oordelen heet een moreel oordeel en heeft de volgende kenmerken. Een moreel oordeel:

- gaat over gedrag van mensen
- is inherent veralgemeniseerbaar
- is normatief, het schrijft voor
- is gericht op het goede
- roept een specifiek soort emotie op

Morele oordelen genereren bijna automatisch een gesprek. Dit gesprek vindt in gezinnen, in organisaties en in de samenleving plaats op allerlei verschillende manieren. We noemen dit gesprek het moreel vertoog.

Professionals moeten vaardig zijn in het morele gesprek. Hiervoor zijn drie morele competenties noodzakelijk:

- het stellen van morele vragen
- het geven van morele argumenten
- jezelf kennen en accepteren, kortom: moedig zijn

'Wat is je mening?'

Een norm wordt zelden uitgesproken.

2 Ethiek levert nieuwe argumenten

Aan welke regels hou jij je?
En aan welke niet?
Wat wil je bereiken?
Wat vind je belangrijk?
Wie wil je zijn?
Hoe denk je na over de goede keuzes?

In het eerste hoofdstuk hebben we kennisgemaakt met morele oordelen. We hebben gezien dat morele oordelen, onze moraal, ontstaan in een gesprek dat we een aparte naam gaven: het moreel vertoog. Dit vertoog kan op maatschappelijk niveau plaatsvinden, maar ook in een beroepsgroep, of in een gezin. Om te functioneren in zo'n vertoog moet je goede redenen vinden voor je oordeel. Wat zijn de uitgangspunten waarop jij je morele oordelen baseert? In dit hoofdstuk gaat het over deze morele uitgangspunten, te weten: normen, waarden en deugden. Deze uitgangspunten functioneren als argumenten voor morele oordelen. We bespreken ze in paragraaf 2.2 van dit hoofdstuk. In paragrafen 2.3 en 2.4 vergelijken we deze drie soorten morele argumenten en bespreken we de voor- en nadelen van elk van de drie. Maar we beginnen met een bespreking van morele argumenten als zodanig.

2.1 Wat zijn morele argumenten?

Deze paragraaf gaat over morele argumenten. Maar wat zijn dat dan, morele argumenten? Integere mensen begrijpen dat er voor morele keuzes een bepaald soort argumenten beschikbaar is, en ze gebruiken de juiste soort argumenten voor hun morele keuzes. Daarover gaat deze paragraaf. We beginnen weer met een voorbeeld van een student.

Jim doet de hbo-opleiding Accountancy en heeft een bijbaantje in de financiële administratie van bouwbedrijf Kuipers. Voor zijn stage in zijn derde jaar komt Jim op een administratiekantoor te werken. Hij moet daar de administratie verbeteren van andere bouwbedrijven. Nu merkt een collega bij Kuipers op dat Jim inzicht heeft in de administratie van de concurrenten van Kuipers. Dat is mooi handig. Jim kan Kuipers precies vertellen waar ze, bijvoorbeeld, goedkoper kunnen inkopen! 'Kom', zegt een collega, 'vertel me eens hoe die concurrenten van ons hun geld verdienen, en hoeveel.' Jim twijfelt. Zijn morele intuïtie zegt hem dat hij de gegevens van concurrenten niet moet doorvertellen, maar waarom? Om zijn gedachten te ordenen, zet Jim de argumenten voor en tegen doorvertellen van financiële gegevens op een rij (zie figuur 2.1).

FIGUUR 2.1 Argumenten tegen en voor doorvertellen

Argumenten tegen doorvertellen	Argumenten voor doorvertellen
1 Jim kan zijn stageplek kwijtraken als zijn baas erachter komt (deze heeft er zeker nadeel van).	1 Hij scoort bij zijn zaterdagbaan.
2 Zijn collega's op de stage verwachten van hem dat hij de inkoopprijzen voor zich houdt.	2 Als hij zijn baas goed helpt, zullen ze dat waarderen. Ze zullen Jim een toffe peer vinden.
3 Jim wil een betrouwbare accountant zijn die geen informatie van klanten doorsluist.	3 Jim wil een goede medewerker zijn en zijn collega's graag helpen.

Het zijn allemaal argumenten met zeggingskracht. Ze klinken redelijk en er staan geen onwaarheden. Maar de argumenten zijn wel heel erg verschillend van aard. Ze zijn daardoor moeilijk tegen elkaar af te wegen. We maken een onderscheid in verschillende soorten argumenten:

1 economische argumenten
2 sociale verwachtingen
3 morele uitgangspunten

Aan de hand van het voorbeeld lichten we deze indeling toe.

Economische argumenten

Het eerste argument, zowel voor als tegen, is op de belangen of de portemonnee van Jim gericht. Het zijn economische argumenten over wat het voordeligst is voor Jim. Waarmee verdient hij het meest? Het zijn sterke argumenten, hij werkt ten slotte voor het geld, maar het beperkt zich tot Jim alleen. Met dit soort argumenten overtuig je niet een ander dat iets goed is om te doen. Je maakt alleen duidelijk waarom iets in jouw belang is.

Dit soort argumenten is zinvol als het gaat om afwegingen die alleen je eigen portemonnee betreffen, maar als Jim zich wil verantwoorden tegenover collega's of klanten, kan hij ze beter niet gebruiken.

Sociale verwachtingen
Het tweede argument, links en rechts, is sociaal van karakter. Deze argumenten zijn gericht op wat de collega's van Jim of de mensen bij de opdrachtgever van hem verwachten. Voldoen aan de verwachtingen van je sociale omgeving kan belangrijk zijn in je leven. Niemand kan als eenling leven. Je bent altijd onderdeel van een groep en je moet er dus over nadenken wat je collega's, klas, familie van je verwachten, en waarom je er eventueel van afwijkt. Afwijken van een groepsnorm kan heel onverstandig zijn. Sociale argumenten zijn belangrijk als je nadenkt over je functioneren in een groep.

Morele uitgangspunten
In het derde argument stelt Jim dat hij betrouwbaarheid belangrijk vindt (aan de linkerzijde) dan wel dat hij kiest voor behulpzaamheid (aan de rechterzijde). Betrouwbaarheid en behulpzaamheid zijn morele uitgangspunten. Ze zijn onderdeel van wat Jim een integere accountant vindt. Hier lijkt het weer over Jim zelf te gaan, maar het verschil met de eerste categorie, de economische argumenten, is dat de morele uitgangspunten betrouwbaarheid en behulpzaamheid wel degelijk voor anderen overtuigingskracht hebben. Het is heel goed mogelijk dat de collega's van Jim behulpzaamheid ook belangrijk vinden, of juist zijn betrouwbaarheid. Daar kunnen ze een goed gesprek over voeren, en een gedeeld standpunt innemen over welk uitgangspunt ze in deze situatie het belangrijkst vinden. Hierin schuilt de kracht van morele uitgangspunten als argument: ze kunnen andere mensen overtuigen.

In figuur 2.2 zijn de verschillende soorten argumenten weergegeven.

FIGUUR 2.2 Verschillende soorten argumenten

Soort argument	Gericht op	Geschikt voor vragen als	Ongeschikt voor vragen als	Valkuil
1 Economisch	Ik, belangen	Hoe verdien ik het meest? Wat is in mijn belang?	Hoe ga ik met mensen om?	Egoïsme
2 Sociaal	Wij, sociale verwachtingen	Hoe word ik geaccepteerd door de groep?	-	Slijmen
3 Moreel	Aspecten van een goed leven	Wat vind ik belangrijk in het leven? Wie wil ik zijn?	Hoe word ik rijk?	Moralisme

Het zal duidelijk zijn dat alle drie soorten argumenten zinnig kunnen zijn, maar alleen als ze worden gebruikt voor het soort vragen waarvoor ze geschikt zijn. Gebruik je ze voor een andere categorie dan waar ze bij aansluiten, dan gebruik je het verkeerde gereedschap voor de taak, en dat werkt niet. We geven enkele voorbeelden waarin economische of sociale argumenten worden gebruikt voor morele kwesties. In de reactie is te zien welke twijfel deze argumenten oproepen bij toehoorders.

2

Argument, morele vraag, reactie
Argument: Ik moet de studenten wel gelijk behandelen, anders gaan ze zo zeuren.
Morele kwestie: Je moet studenten gelijk behandelen.
Reactie: Dus als de studenten er niets van merken, behandel je ze ongelijk?

Argument: Ja pa, ik zal echt om 1.00 uur thuis zijn, mijn geld is tegen die tijd toch meestal op.
Morele kwestie: Kan ik erop vertrouwen dat je op de afgesproken tijd thuis bent?
Reactie: Dus als je een tientje vindt op straat, ben je om 2.00 uur thuis?

Argument: Ik neem kopieerpapier mee van het werk. Iedereen doet dat toch?
Morele kwestie: Mag je stelen van je werkgever?
Reactie: Als Jantje in de sloot springt, spring jij er dan achteraan?

In de situatie van Jim (accountancy) is vertrouwelijkheid ontzettend belangrijk. Als accountant ziet Jim alle financiële gegevens van heel veel bedrijven. Het stagebedrijf moet erop kunnen vertrouwen dat hij deze informatie niet doorsluist naar een concurrent, die baat kan hebben bij die gegevens. Deze betrouwbaarheid moet Jim waarmaken in zijn werk. Alleen dan is hij een integere accountant. Dit betekent dat hij niet alleen de informatie geheimhoudt, maar ook dat hij dit om de juiste reden moet doen; het morele uitgangspunt betrouwbaarheid. Als hij de informatie niet doorbrieft 'omdat hij dan een slecht cijfer op zijn stage krijgt', is hij niet echt betrouwbaar, want als hij het cijfer eenmaal binnen heeft, zou hij het dan wel doorbrieven?

Integere professionals begrijpen dat ze morele uitgangspunten als argumenten moeten gebruiken als het om morele vragen gaat. In de volgende paragraaf bespreken we drie soorten morele argumenten: de normen, de waarden en de deugden.

REFLECTIEVRAAG

2.1 Weet jij van jezelf wat voor soort argumenten jij graag gebruikt? Heb jij een voorkeur?

2.2 Normen, waarden en deugden

Morele uitgangspunten zijn de argumenten voor onze morele keuzes. Hoe zien die argumenten er precies uit? We onderzoeken allereerst de normen.

Normen

Normen: wat moet je doen?
Neem bijvoorbeeld de volgende twee uitspraken:
- Ik maak die opdracht af, want dat heb ik beloofd en wat je belooft moet je doen.
- Ik neem koffie mee voor mijn collega's, want ik vind dat je dat behoort te doen.

In beide uitspraken maakt iemand een morele keuze en onderbouwt deze met een argument.

Morele argumenten

In de eerste zin zeg je heel duidelijk dat je je aan de regel moet houden 'wat je belooft, moet je ook doen'. Ook in de tweede zin is het argument voor de keuze een regel: namelijk de regel dat je koffie mee behoort te brengen voor collega's. Zo'n argument in de vorm van een regel waar je je aan houden moet, noemen we een *morele norm*.

Morele norm

> Een morele norm, kortweg norm, is een zelf opgelegde regel die gedrag voorschrijft betreffende goed samenleven.

Gedragsregels

Morele normen onderscheiden zich van andere *gedragsregels*, zoals verkeersregels, doordat normen regels zijn die we onszelf stellen, terwijl de verkeerswet ons wordt opgelegd. Met een verkeersregel hoef je het niet eens te zijn om hem op te volgen, terwijl het onzin is te zeggen dat je je aan een morele norm houdt waar je het niet mee eens bent.

Een norm wordt zelden uitgesproken.

We geven nog twee voorbeelden.
'Ik pik geen koekjes uit de koektrommel.' In deze zin staat nog geen moreel oordeel. Morele normen die een keuze om geen koekjes te pikken, kunnen onderbouwen zijn: 'Je mag niet snoepen', 'Je mag niet buiten theetijd koekjes eten' of 'Je moet je vader en moeder gehoorzamen'. We zien dus dat deze morele keuze door drie verschillende normen onderbouwd kan worden. Je kunt dus niet aan de buitenkant zien welke norm als argument heeft gediend. Eigenlijk kan alleen degene die gehandeld heeft, zeggen welke norm voor hem of haar de doorslag heeft gegeven.

REFLECTIEVRAAG

2.2 Waartoe ben je verplicht? Formuleer twee morele regels waaraan jij je wilt houden in dit leven. Let op: een norm schrijft concreet gedrag voor (of verbiedt het).

Waarden: wat moet je waarmaken?

Tot nu toe stond het begrip 'norm' centraal. Als we een moreel oordeel onderbouwen met een norm, dan vergelijken we ons gedrag met wat de norm voorschrijft. Je kunt echter ook een oordeel onderbouwen door te verwijzen naar de gevolgen van een handeling.

Waarden

Om de *gevolgen* van een handeling moreel te beoordelen, gebruiken we *waarden*. We vergelijken de gevolgen van ons gedrag met een vooropgesteld doel dat we willen realiseren. Zo'n doel noemen we een waarde. We kijken opnieuw naar de voorbeelden uit de vorige paragraaf en onderbouwen de keuzes nu niet met normen, maar met waarden. Je kunt bijvoorbeeld koffie meenemen voor je collega's omdat je collegialiteit belangrijk vindt. Je kunt ervoor kiezen een opdracht af te maken, hoewel je liever gaat gamen, omdat je betrouwbaarheid belangrijk vindt (je hebt het beloofd). Collegialiteit en betrouwbaarheid functioneren hier als morele waarden. Het zijn op zichzelf nastrevenswaardige zaken die je probeert te realiseren in je gedrag.

Morele waarde

Een morele waarde is een ideaal, een principe betreffende goed samenleven dat we proberen te realiseren door middel van ons gedrag.

Zo'n ideaal of principe proberen we altijd in één woord te omschrijven. Dit kan soms moeilijk zijn, maar het idee erachter is dat als de waarde werkelijk belangrijk is, dat het woord ervoor dan ook bestaat. Voorbeelden van waarden zijn het bekende 'liberté, égalité, fraternité' (vrijheid, gelijkheid, broederschap) uit de Franse Revolutie. Maar ook gezondheid, vrijheid, rechtvaardigheid en solidariteit zijn belangrijke idealen in de moderne samenleving.

Waarden zijn hoerawoorden. Iedereen is ervoor.

Idealen

Het verschil tussen normen, uit de vorige paragraaf, en waarden kan als volgt worden omschreven: Waarden zijn abstracte *idealen* of doelen die men door middel van bepaald gedrag nastreeft; het is datgene wat je moreel probeert te bereiken. Normen daarentegen zijn concrete regels die als praktische richtlijn voor het handelen functioneren.

NORMEN, WAARDEN ÉN... DEUGDEN

Deugden: wie wil je zijn?

We hebben tot nu toe gedrag beoordeeld door de handeling zelf te vergelijken met normen en door de gevolgen van de handeling te vergelijken met waarden. Aan iedere handeling liggen echter ook bedoelingen van de persoon ten grondslag. We kunnen een moreel oordeel ook onderbouwen door te verwijzen naar deze bedoelingen. Let wel, het gaat dus niet over het doel van een handeling, dat is immers een waarde, maar over de neiging van een persoon om altijd in zo'n situatie zo te handelen. Je hebt het dan over een karaktereigenschap van iemand. Karaktereigenschappen betreffende goed samenleven noemen we deugden. Een deugd is een goede karaktereigenschap van mensen, die hun gedrag stuurt.

Een deugd is een karaktereigenschap betreffende goed samenleven.

Deugd

Als je gedrag aan de hand van deugden beoordeelt, doe je niet zozeer een uitspraak over een incidentele handeling als wel over de persoon en diens houding. Deze houding is veeleer af te lezen uit een reeks van handelingen die verwijzen naar een bepaalde kwaliteit van die persoon. Als je aan de hand van deugden beoordeelt, ga je na wat voor mens je wilt zijn. Wil je iemand zijn die boven alles gehoorzaam is? Wil je iemand zijn die zijn afspraken nakomt of iemand die attent is? Gehoorzaamheid, betrouwbaarheid en attent zijn, zijn drie voorbeelden van deugden die bij de voorbeeldzinnen uit paragraaf 2.1 horen. Het zijn uitspraken over de persoon, karaktereigenschappen van iemand.

Houding

We lijken op onze ouders.

Nu denken we bij het woord karakter misschien aan de aangeboren hebbelijkheden die iedereen wel heeft. Maar als we het over deugden hebben, bedoelen we expliciet aan te leren, te ontwikkelen karaktereigenschappen. Dit kan ook niet anders, want moraal gaat altijd over vrije keuzes van mensen en aangeboren eigenschappen sluiten een vrije keuze uit. Deugden kun je ontwikkelen door te oefenen, door te doen. Meestal leren we deugden door mensen die belangrijk voor ons zijn, na te doen. We lijken op onze ouders, heet het dan.

Karaktereigenschappen

REFLECTIEVRAAG

2.3 Welke goede karaktereigenschap heb jij met je familie gemeen? Vraag dit eens aan een goede vriend die meerdere mensen van je gezin kent. Beschrijf ook goede karaktereigenschappen van de familie van de vriend.

Als we nu naar de voorbeeldzinnen aan het begin van deze paragraaf kijken, dan kunnen we ze herschrijven met steeds een norm, waarde en deugd als argument (zie figuur 2.3).

FIGUUR 2.3 Normen, waarden en deugden als argumenten

Gedragskeuze	Norm als argument	Waarde als argument	Deugd als argument
Ik maak die opdracht af, want ...	je moet je aan je afspraken houden.	dat draagt bij aan het vertrouwen dat mensen in me hebben. (waarde: betrouwbaarheid)	ik wil betrouwbaar zijn. (deugd: betrouwbaarheid)
Ik neem koffie mee voor mijn collega's, want ...	je behoort koffie voor elkaar mee te brengen.	dat draagt bij aan de collegialiteit. (waarde: collegialiteit)	ik wil attent zijn. (deugd: hulpvaardigheid)
Ik pik geen koekjes uit de koektrommel, want ...	je mag geen koekjes pikken.	dan wordt mama niet boos. (waarde: zorgzaamheid)	ik wil gehoorzaam zijn. (deugd: gehoorzaamheid)
Ik zeg niet dat ik Erik zag spieken tijdens het tentamen, want ...	je moet je niet met andermans zaken bemoeien.	ik wil hem graag helpen. (waarde: hulpvaardigheid)	ik wil geen bemoeial zijn. (deugd: bescheidenheid)

> **TIP**
> Gebruik deugden alleen om jezelf te beoordelen en niet om over anderen te oordelen.

2.3 Ethiek: hoe weeg je argumenten?

Ethische theorie

We hebben gezien dat de morele uitgangspunten normen, waarden en deugden verschillende *soorten* argumenten zijn. Deze verschillende soorten argumenten verschillen zo veel van elkaar, dat ze elk hun eigen manier van denken voortbrengen. We noemen zo'n manier van denken een ethische theorie. Hoe zien deze theorieën eruit en hoe werken ze in de praktijk? We beantwoorden deze vragen door eerst een klein uitstapje te maken naar de psychologie.

Interne theorie

Mensen kunnen de vraag 'Wat moet ik doen, wat is goed handelen?' heel verschillend benaderen. Deze verschillende benaderingen hebben elk hun eigen denksysteem met vaststaande uitgangspunten en vaste denkpatronen. Binnen zo'n systeem kun je je ervaringen verklaren en kom je niet vaak een tegenstrijdigheid tegen. In de psychologie noemt men zo'n systeem van denken een *interne theorie*. Uit de psychologie kunnen we leren dat interne theorieën de neiging hebben het denken te monopoliseren. Een interne theorie drukt andere mogelijke interpretaties weg, verklaart ze als onnozel of overbodig.

Normen verplichten. Waarden overtuigen. Deugden verleiden.

Voorbeelden van interne theorieën zijn de overtuiging dat je altijd en overal tegen iedereen vriendelijk moet zijn, of de overtuiging dat iedereen altijd op eigenbelang uit is. Als mensen zulke overtuigingen hebben, zijn ze daar vaak moeilijk van af te brengen. Politieke partijen hebben ook vaak een eigen interne theorie.
Ook moreel nadenken kan overheerst worden door dat ene gezichtspunt, die ene benadering van een interne theorie. Al deze kenmerken van interne theorieën gelden ook voor de drie vormen van moreel redeneren die we kennen; de drie ethische theorieën.

Plichtethiek

Morele vragen kun je met drie verschillende interne theorieën, drie ethische theorieën, benaderen:
- Je kunt de vraag 'Wat is goed handelen?' benaderen met de interne theorie dat mensen zich aan regels moeten houden. Dat dit belangrijk is voor een goede samenleving. Als dit je ethische theorie is, gebruik je alleen normen als morele argumenten. Deze interne theorie noemen we *plichtethiek* omdat normen ons verplichten.
- Je kunt de vraag 'Wat is goed handelen?' ook benaderen met de ethische theorie dat het erom gaat dat je gedrag goede gevolgen moet hebben. Je gebruikt dan alleen waarden als morele argumenten. Deze ethische theorie

noemen we *gevolgenethiek* omdat je de waarden probeert te realiseren met de gevolgen van je handelen.

Gevolgenethiek

- Je kunt de ethische theorie hebben dat je een goed mens moet zijn en dat je gedrag uit goede bedoelingen moet voortkomen. Je benadert de vraag 'Wat is goed handelen?' met deugden als morele argumenten. Deze ethische theorie noemen we *deugdethiek*.

Deugdethiek

De verschillende ethische theorieën komen soms tot verschillende morele conclusies in een concreet geval. Omdat mensen maar al te vaak slechts één theorie gebruiken als ze een moreel oordeel onderbouwen, beperkt dit hun vermogen tot het geven van argumenten en zo hun vermogen tot het bespreken en uitleggen van hun morele keuze. Een hoop ellende is het gevolg. Dit lichten we toe in het volgende voorbeeld.

TIP
Als je zegt dat iemand verantwoordelijk is, omschrijf dan precies wat diegene moet doen, moet realiseren. Dat vergemakkelijkt het gesprek.

Student Marjet werkt hard om rond te komen. Drie avonden in de week staat ze in de keuken in een eetcafé. Dit betekent dat ze soms pas om drie uur 's nachts in haar bed ligt. Overdag volgt ze colleges, maar bij de meeste vakken is het niet verplicht om aanwezig te zijn. Daarnaast heeft ze projectwerk met medestudenten. In de projectgroep hebben ze de afspraak dat iedere student één keer een bijeenkomst mag verzuimen. De projectbijeenkomsten zijn om 9.00 uur 's morgens. Omdat Marjet al een keer niet is geweest, mag ze geen bijeenkomst meer missen. Toch verslaapt ze zich nog een keer en loopt daarmee het risico niet alleen het vak niet te halen, maar ook haar beurs te verspelen. Die morgen gaat ze om 10.15 uur naar school om zich bij haar themagroep te melden. Daar vertelt ze dat ze rugklachten heeft en juist van de dokter komt. Haar klasgenoten informeren bezorgd naar de situatie en de docent ziet dit tweede verzuim door de vingers. Heeft Marjet er goed aan gedaan om met de leugen aan te komen? Mocht zij liegen tegen haar klasgenoten met wie ze samenwerkt? Laten we deze vraag vanuit de drie ethische theorieën bekijken.

Vanuit plichtethisch standpunt bezien is de keuze in strijd met de norm 'je mag niet liegen'. Ze mag dit dus niet doen. Dat ze liegt om het vak te halen en de opleiding te volbrengen is niet relevant voor het morele oordeel vanuit plichtethisch standpunt. Volgens de gevolgenethiek maakt dit juist wel een verschil. Daar zijn juist deze twee doelen sterke argumenten. Volgens de plichtethiek handelt ze moreel gezien niet juist, volgens de gevolgenethiek misschien nog wel.

Belangen zijn sterke argumenten, maar geen morele argumenten.

En hoe zit het met de deugdethiek? Welnu, je kunt de inzet van Marjet om zo hard te werken en ook haar durf om te liegen om toch nog te proberen het vak te halen, positief waarderen. Inzet en durf zijn twee deugden. Anderzijds kun je kritiek hebben op haar gebrek aan verantwoordelijkheidsgevoel, want zo'n baantje aannemen is vragen om dit soort problemen. Afhankelijk van of je inzet en durf belangrijk vindt of dat je verantwoordelijkheidsgevoel belangrijk vindt, zul je Marjet haar keuze positief of negatief beoordelen.

Belangen als interne theorie
Er zijn ook mensen die er een interne theorie op nahouden dat alle gedrag door belangen wordt gestuurd. Dat iedere keuze van iemand door belangen verklaard kan worden en dat een handeling goed is als hij het eigenbelang bevordert. Sommige voetbalverslaggevers bijvoorbeeld, kunnen dit goed. Als er een onterechte penalty wordt toegekend, zeggen ze: 'Dat heeft hij slim versierd.' En over het neerhalen van een doorgebroken speler zegt men: 'Dat moest hij doen in het belang van het team.' Doordat het een interne theorie is dat alleen het belang van het winnen telt, houdt men eraan vast, ook als er een redelijk argument tegen ingebracht wordt. Als je bijvoorbeeld zegt dat een tackle van achteren niet eerlijk is, komt er een uitleg waarom de wereld toch zo gezien moet worden. 'Dat doet iedereen', 'Dat zullen ze ook bij hem doen' of 'Dat hoort bij het spel', wordt er dan gezegd. Dit zijn slappe argumenten, maar dat is kenmerkend voor een interne theorie; je blijft eraan vasthouden, ook al zijn je argumenten zwak.
Dat deze interne theorie 'iedereen handelt uit eigenbelang', geen ethische theorie is, blijkt als deze mensen zelf slachtoffer zijn van oneerlijk gedrag. Dan is het plotseling schandalig wat die tegenstander doet. De interne theorie van belangen voldoet dus niet aan het universaliteitsprincipe. Het is niet veralgemeniseerbaar. Het is zelfs niet omkeerbaar!

Egoïsme is geen ethische theorie.

We zien dat de ethische theorieën verschillende kanten van het probleem belichten en verschillende conclusies opleveren. Om tot een evenwichtig en verdedigbaar moreel standpunt te kunnen komen, moet je verschillende soorten argumenten leren gebruiken, dus de verschillende theorieën toepassen. In de volgende paragraaf kijken we hoe dat werkt in de praktijk van het ethisch denken.

REFLECTIEVRAAG
2.4 Hoe kijk jij naar de wereld? Wat is jouw interne theorie?

2.4 Moreel argumenteren betekent gevoelig denken

Er zijn dus drie manieren van denken over morele argumenten, maar hoe werkt het nu in de praktijk? Hoe moet je de drie theorieën gebruiken als je morele problemen aanpakt? In deze paragraaf bespreken we de sterke en zwakke kant van elke theorie. In figuur 2.4 geven we een overzicht van de drie theorieën. In de derde kolom tref je de werkwijze van elke theorie aan en in de vierde kolom het gevolg als je je te veel beperkt tot één theorie, tot één manier van denken.

FIGUUR 2.4 Drie ethische theorieën

Ethische theorie	Uitgangspunt	Werkwijze	Valkuil
Plichtethiek bekijkt de handeling	Moraal is een kwestie van morele regels opvolgen	Bepaal welke norm het belangrijkst is	'Bevel is bevel'
Gevolgenethiek bekijkt de gevolgen van de handeling	Moraal is een kwestie van idealen realiseren	Bepaal welk gedrag het meest bijdraagt aan het realiseren van je ideaal	'Het doel heiligt de middelen'
Deugdethiek bekijkt de bedoeling van je gedrag	Moraal is een kwestie van een goed mens willen zijn	Kijk in de spiegel en bedenk wie je wilt zijn	'Ik bedoelde het goed'

Plichtethisch redeneren raakt de kern van de moraal. Het centrale punt van moraal is dat het ons verplicht. Weliswaar twijfelen we vaak wat we zullen doen. Maar die twijfel is geen onbeslisbaarheid, zoals een computerprogramma dat wacht op input. Nee, morele twijfel, een dilemma, is een situatie waarin je graag het goede wilt doen, een goed mens wilt zijn, maar niet weet welk gedrag het meest moreel is. De twijfel begint dus met de intentie, de wil om moreel verantwoord gedrag te vertonen. Deze wil is er altijd en dat is een soort van plicht die wij onszelf opleggen. We willen moreel zijn. Dit betekent niet dat we de hele dag door engelen zijn. Het betekent alleen dat we snappen wat het betekent om een moreel probleem te hebben.

Deze eigenschap van plichtethisch denken brengt met zich mee dat concrete normen vaak sterke argumenten zijn voor degene die ze inbrengt. Je bent er stellig van overtuigd dat het hoort zoals de norm voorschrijft. Probleem is dat voor een ander diezelfde norm niet zo zwaar hoeft te wegen. Met andere woorden: met normen kun je heel goed jezelf, maar veel moeilijker anderen overtuigen. **Overtuigen**

Bij gevolgenethiek ligt dit andersom. Hiermee kun je juist beter anderen overtuigen. Dit zit als volgt. Als je een ander wilt overtuigen van je morele gelijk, dan gebruik je per definitie argumenten. Echter, waarden zijn veel beter in de vorm van een argument te gieten dan normen. Normen zijn als het ware geen argumenten, maar een morele conclusie in een keer. Ze hebben immers de vorm 'je behoort ...'. En dat is precies de vraag die je probeert op te lossen: wat behoor ik te doen? Als een ander je verplichtende 'je behoort ...' niet inziet, kortom je norm niet deelt, dan heeft het ook geen zin nog te argumenteren. Dan heb je alleen nog je morele verontwaardiging, je emotie, waarmee je een ander over de streep kunt trekken. Je gaat dan met meer stemverheffing spreken en vaker de gebiedende wijs gebruiken. Waarden hebben dit probleem niet. Omdat het idealen zijn, laten ze zich in de vorm van een doel-middelargumentatie gieten. **Doel-middelargumentatie** Daar komt nog bij dat waarden veel algemener van aard zijn. Het zijn immers idealen of principes waar eigenlijk iedereen wel voor is. Een waarde is vaak een sterk argument voor een ander. Verkopers weten dit vaak heel goed. Zo kun je een verkoper van beveiligingsapparatuur horen zeggen tegen een ongeïnteresseerde klant: 'Vindt u uw eigen veiligheid dan niet belangrijk?'

Met normen overtuig je jezelf, met waarden overtuig je een ander.

2

Goede bedoelingen

De deugden ten slotte, zijn geschikt om een persoon te waarderen, maar geven vaak geen concrete aanwijzingen voor gedrag. Met deugden beoordelen we de persoon, en niet zijn of haar gedrag. Een voorbeeld is de deugd *inzet* bij studenten. Iedereen kent het verschijnsel van de goedwillende, hardwerkende student die niet afgekraakt wordt in project- en themagroepen, zelfs als de prestaties onvoldoende zijn. Zo iemand wordt vaak geholpen. Terwijl andersom de slimme student die er zich gemakkelijk van afmaakt op een flinke portie kritiek kan rekenen. De deugd inzet weegt vaak heel zwaar in onze beoordeling van mensen. Andersom geldt dit ook. Als je met goede bedoelingen een verkeerde keuze maakt, kun je je excuses aanbieden. Als je vanuit verkeerde bedoelingen handelt, is dit veel moeilijker. Een slecht karakter wordt iemand zwaar aangerekend. Dit benadrukt het belang van deugdethiek.

Hetzelfde woord in de drie theorieën

We maken de zaak nog een stapje complexer (moeilijker). Het is duidelijk geworden dat normen, waarden en deugden geheel verschillende zaken zijn. Onze taal schiet echter vaak tekort om het verschil aan te duiden. Neem bijvoorbeeld het morele uitgangspunt *eerlijkheid*. Dat kan een argument zijn in de vorm van een norm, bijvoorbeeld in de vorm 'Je mag niet liegen' of 'Je behoort eerlijk te zijn tegen vrienden'. Eerlijkheid kan echter ook verschijnen in de vorm van een waarde. Het is dan iets dat je probeert te bereiken, bijvoorbeeld als je de startpositie bij een atletiekwedstrijd door loting bepaalt, of als je in de koektrommel allemaal dezelfde koekjes doet voordat je ermee rondgaat. Om de verwarring compleet te maken kan het woord eerlijkheid ook een deugd betekenen. 'Hij is een eerlijk persoon' zeggen we van iemand die zijn best doet oprecht te zijn.

Gevoelig denken

Zo kan hetzelfde woord geheel verschillende dingen betekenen. We hebben gezien dat het een groot verschil maakt of je een waarde, een norm of een deugd als argument gebruikt. Het voorbeeld van het morele uitgangspunt 'eerlijkheid' maakt duidelijk dat moreel redeneren een *gevoelig denken* noodzakelijk maakt. Hiermee wordt bedoeld dat je je inspant om de precieze betekenis te achterhalen van de woorden die zijn gebruikt. Natuurlijk bij een ander, maar vooral ook bij jezelf. In een moreel gesprek dien je jezelf doorlopend af te vragen: 'Wat bedoel ik precies te zeggen? Wat is de werkelijke reden voor mijn overtuiging? Leg ik mezelf de norm op eerlijk te zijn? Wil ik eerlijkheid realiseren? Of wil ik een eerlijk mens zijn?'

REFLECTIEVRAAG

2.5 Wanneer zei jij: 'Dat doe ik niet'?

Samenvatting

Morele argumenten onderscheiden we van economische argumenten en sociale verwachtingen.
Er zijn drie soorten morele argumenten:
- Normen schrijven specifiek gedrag voor.
- Waarden beschrijven welke gevolgen belangrijk zijn.
- Deugden beschrijven wat voor mens je moet zijn.

Deze drie soorten argumenten brengen elk hun eigen ethische theorie met zich mee:
- Een plichtethiek kijkt naar welke regels je moet opvolgen.
- Een gevolgenethiek beschrijft welke idealen het belangrijkst zijn.
- Een deugdethiek beschrijft wat voor mens je moet zijn.

Voor het toepassen van de drie theorieën is een gevoelig denken nodig.

'Hoe denk jij na?'

De ethiek
gaat aan
de
ontologie
vooraf.

3 Verantwoordelijkheid: ethiek voor jezelf

Wat moet je doen?
Waar word je op aangesproken?
Wie rekent op jou?
Kies jij?
Of heb je excuses?

Moraal en ethiek gaan over wat je behoort te doen. Heel veel afspraken hierover zijn in onze samenleving al eerder gemaakt, en liggen redelijk vast. De mensen om je heen verwachten bepaald gedrag van je. We omschrijven deze verwachtingen met het begrip verantwoordelijkheid. We bespreken eerst wat het betekent om verantwoordelijkheid te hebben (paragraaf 3.1) en daarna de redenen waarom we verantwoordelijk zijn (paragraaf 3.2). Soms zijn mensen niet verantwoordelijk voor hun gedrag. De omstandigheden die iemand vrijpleiten, bekijken we daarom in paragraaf 3.3.

3.1 Samenwerken: zo werkt dat

In hoofdstuk 1 werd uitgelegd hoe morele oordelen eruitzien. Het bleek dat moraal alles te maken heeft met hoe we samenleven, hoe we samenwerken en wat we van elkaar verwachten. Als mensen samen dingen ondernemen, rekenen ze erop dat anderen ook onderdelen van de samenwerking voor hun rekening nemen. Deze verwachting is een morele verwachting. De ander *hoort* dat te doen. We gebruiken voor deze morele verwachting het woord verantwoordelijkheid. Om dit begrip te onderzoeken gebruiken we een voorbeeld van een student met een bijbaantje.

Hanna, 22 jaar en student communicatie, is blut. De vakantie komt eraan en ze wil met vriendinnen op stedentrip naar Napels. Ze besluit een baantje te nemen en gaat pizza's bezorgen voor La Stalla, een plaatselijke pizzeria. Hanna's werk als pizzabezorger houdt in dat ze bestelde pizza's snel bij de klant brengt, maar ook dat ze de pizza's keurig in de doos bezorgt. Dat ze vriendelijk de doos afgeeft, oplet of er heet vocht uit de doos loopt, de mensen vriendelijk smakelijk eten wenst en nog veel meer. Kortom, Hanna is verantwoordelijk voor een goede bezorging van de pizza's, wat heel veel verschillende dingen kan betekenen. Als op een gegeven moment een brug opengaat waarvan Hanna weet dat die altijd lang open blijft, overweegt ze of ze een snellere route over een andere brug zal nemen om de pizza's toch nog snel te bezorgen. Een ervaren pizzakoerier weet: in de spits neem je andere routes dan 's avonds laat.

In dit voorbeeld wordt duidelijk dat Hanna heel veel verantwoordelijkheden tegelijk heeft. Ze moet voor heel veel zaken zorgen. Ze moet bijvoorbeeld:
- elke maand uitkomen met haar studiebeurs
- voor vakantiegeld zorgen
- op tijd op haar werk zijn
- beleefd zijn tegen de klanten
- op haar eigen veiligheid letten, 's avonds in sommige wijken

Haar verantwoordelijkheden brengen ook met zich mee dat Hanna door anderen aangesproken wordt over haar keuzes. Haar vriendinnen zeuren net zo lang tot ze meegaat op vakantie, haar ouders vinden er iets van dat ze een baantje neemt, en haar baas en collega's spreken haar aan op haar functioneren.

In dit voorbeeld wordt duidelijk dat verantwoordelijkheid uit twee onderdelen bestaat:
1 Je kijkt vooruit in de tijd en weet dan dat je zaken op je moet nemen.
2 De mensen in je omgeving (vrienden, collega's) spreken je aan op de keuzes die je hebt gemaakt.

Verantwoordelijkheid

Verantwoordelijkheid betekent de plicht zorg te dragen voor iets of iemand (vooraf), en de plicht daarover rekenschap af te leggen (achteraf).

De twee onderdelen van deze definitie zijn verschillende processen (zie figuur 3.1). Vooraf moet Hanna in haar eentje afwegen wat ze doet, welke keuzes ze maakt. Dat is een individueel proces. Het verantwoorden achteraf is juist een gesprek met anderen. Dit kunnen haar vriendinnen zijn waarmee ze afgesproken heeft op vakantie te gaan, of haar collega's. Dit kan ook haar baas zijn.

FIGUUR 3.1 Zorg dragen en rekenschap afleggen

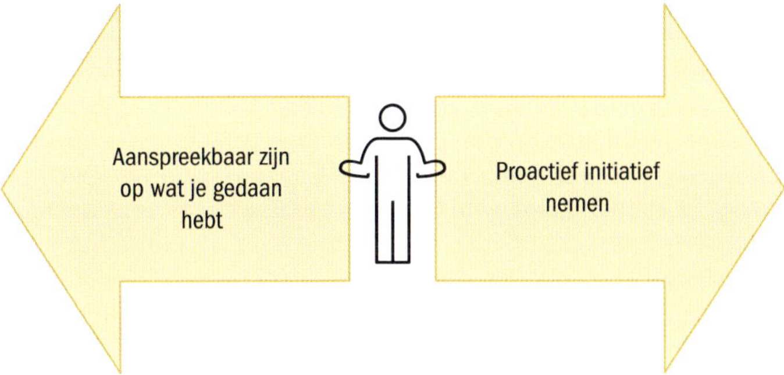

Verantwoordelijkheid is dus enerzijds een plicht die je aan het werk zet. Je behoort iets te realiseren, er zorg voor te dragen dat iets goed gaat. Anderzijds is verantwoordelijkheid de plicht achteraf uitleg te geven aan anderen. Je dient je te verantwoorden. Je wordt 'ter verantwoording geroepen'. Dit achteraf ter verantwoording roepen gebeurt natuurlijk vaker als iets niet goed gegaan is. Daarom denken we dat ter verantwoording roepen hetzelfde betekent als een standje krijgen. Maar dat is niet zo. Je verantwoorden kan ook betekenen dat je uitlegt hoe en waarom je het gedaan hebt. Een penningmeester van een sportclub verantwoordt op de ledenvergadering hoeveel geld er in kas zit, door uit te leggen wat er in en uit is gegaan.

Verantwoordelijkheid neem je individueel op je en leg je collectief af.

TIP
Verontschuldigen betekent omschrijven wat je nagelaten hebt en de gevolgen hiervan voor de ander erkennen.

Nu we verantwoordelijkheid hebben omschreven als een plicht ergens voor te zorgen en daar rekenschap over af te leggen, dient de vraag zich aan waarvoor je precies zorg moet dragen, en hoe dat proces van rekenschap geven eruitziet. Deze twee vragen worden hierna besproken. We maken een onderscheid tussen twee soorten verplichtingen waarvoor je zorg moet dragen en drie vormen van rekenschap geven (verantwoorden).

Twee soorten verplichtingen

Als je ergens zorg voor dient te dragen en op aangesproken wordt, kunnen we die verplichtingen op twee manieren begrijpen, namelijk als:

1 resultaatverplichting; je moet iets maken
2 inspanningsverplichting; je moet iets doen

Beide verplichtingen worden nader toegelicht.

Ad 1 Resultaatverplichting

Soms betekent 'ergens toe verplicht zijn' dat je iets moet realiseren. Voorbeelden zijn de verplichting te stoppen voor een rood verkeerslicht, de verplichting een verslag in te leveren, of de verplichting je moeder te bellen op haar verjaardag. Er kunnen gekke situaties zijn waardoor je deze verplichtingen niet realiseert, bijvoorbeeld de rem is kapot of je ligt in het ziekenhuis met een schedelbasisfractuur, maar de verplichting houdt in dat het verslag er moet liggen en je je moeder gesproken moet hebben. De inhoud van de verplichting is dus een resultaat. Er moet iets gerealiseerd zijn. Dit ligt heel anders bij inspanningsverplichtingen.

Ad 2 Inspanningsverplichting

Sommige verantwoordelijkheden verplichten je tot gedrag zonder dat er duidelijk een eindresultaat is omschreven. Dit noemen we een inspanningsverplichting. Het gaat er dan om dat je iets probeert, je ergens voor inzet. Een huurder, bijvoorbeeld, moet een huis gebruiken 'zoals een goed huurder betaamt', zo staat in elk huurcontract te lezen. Dit betekent dat huurders hun best moeten doen het huis netjes te gebruiken. Andere voorbeelden van inspanningsverplichtingen zijn: je best doen op school of netjes omgaan met een geleend boek. Het zijn verplichtingen waarbij de inspanning veel meer telt dan het resultaat. Als je je best doet op school, zal iedereen het je vergeven als de cijfers toch slecht zijn. Als je zuinig bent op een geleend boek, maar er is wel een kop koffie over gegaan, is dat een vergeeflijk ongelukje. Als je daarentegen slordig met een geleend boek omgaat, dan 'ga je er niet verantwoord mee om'.

TIP

Neem een trein eerder als je naar een tentamen moet.

REFLECTIEVRAGEN

3.1 Ben je weleens teleurgesteld geweest dat het eindresultaat van een flinke inspanning onvoldoende werd beoordeeld? Leg uit waarom je vindt dat de inspanning in die situatie gehonoreerd had moeten worden.

3.2 Heb je je weleens opgelaten gevoeld omdat je werd geprezen voor iets wat je was toegevallen? Leg uit waarom je vindt dat er in die situatie sprake was van te veel nadruk op resultaatverantwoordelijkheid.

Drie vormen van rekenschap afleggen
Hoe werkt het proces van verantwoording afleggen? Dat hangt af van de reden waarom je verantwoordelijk bent. We onderscheiden drie verschillende redenen voor verantwoordelijkheid en daarmee onderscheiden we drie verschillende soorten verantwoordelijkheid.

Sommige verantwoordelijkheden zijn geregeld in de wet. Verantwoordelijkheden die je hebt omdat de wet dit voorschrijft, noemen we een *aansprakelijkheid*. Een helm dragen op een brommer en correct wisselgeld teruggeven als je een pizza verkoopt, zijn hier voorbeelden van. Het kan ook zijn dat je een verantwoordelijkheid hebt omdat er afspraken zijn gemaakt in een organisatie. De verantwoordelijkheid die uit deze afspraken voortvloeit, noemen we *taakverantwoordelijkheid*, kortweg taak.
Het begrip geeft aan dat iemand een verantwoordelijkheid ontleent aan de samenwerking met anderen. Vaak heet het dan dat je een functie hebt, een rol of een taak. Hanna weet hoe en op welk tijdstip de pizza bezorgd moet worden. Dit is georganiseerd, er zijn afspraken over gemaakt en zij neemt deze verantwoordelijkheid op zich.

Aansprakelijkheid

Taakverantwoordelijkheid

'Besides, the code is not a rule, it's more like a set of guidelines.'

— Hector Barbossa

Er zijn ook verantwoordelijkheden waarover geen expliciete afspraken zijn gemaakt. In de situatie van Hanna de pizzabezorger is dit bijvoorbeeld de plicht om voor een gewonde te zorgen bij een verkeersongeval. De plicht om dit te doen gaat niet terug op een afspraak. Toch is het een redelijke verwachting van veel mensen, ook bij de pizzaservice, dat Hanna een gewond verkeersslachtoffer helpt. Deze verwachting is een morele verwachting gebaseerd op een moreel uitgangspunt. In dit geval op de norm dat je hulpbehoevenden behoort te helpen. Verantwoordelijkheden die je hebt vanwege een morele plicht noemen we *deugdverantwoordelijkheden*.

Moreel uitgangspunt

Deugdverantwoordelijkheid

In figuur 3.2 staan de drie soorten verantwoordelijkheid op rij.

FIGUUR 3.2 Drie soorten verantwoordelijkheid

Soort verantwoordelijkheid	Plicht is gebaseerd op	Tegenover wie leg je verantwoording af
Aansprakelijkheid	Wetten	De rechter of de politie
Taakverantwoordelijkheid	Afspraken in de organisatie	Collega's
Deugdverantwoordelijkheid	Morele uitgangspunten	Jezelf en je sociale omgeving

Alle drie soorten verantwoordelijkheden betekenen een plicht ergens zorg voor te dragen, maar het proces van verantwoorden is verschillend voor de drie situaties.

Als je aansprakelijk bent, leg je rekenschap af tegenover de rechter of de politie. De rechter weegt of je gedrag strafbaar is onder een bepaalde wet. Verantwoording afleggen voor de rechter of tegenover de politie is moreel niet zo relevant. Je moet gewoon de boete betalen en daarmee is het klaar.

In het geval van taakverantwoordelijkheden is het proces van rekenschap afleggen een overleg met je baas en je collega's, meestal in de vorm van een werkoverleg. Daarin bespreek je de taken en hoe ver je bent met het realiseren ervan. Het rekenschap afleggen is hier een overleg tussen mensen.

In tegenstelling tot taken en aansprakelijkheden, is het verantwoorden van je morele verplichtingen niet georganiseerd in de samenleving. We hebben geen structuur waarin we het morele gehalte van onze keuzes kunnen overdenken en verantwoorden. Dit heeft tot gevolg dat je zelf moet organiseren dat je nadenkt over je morele keuzes, ervan uitgaande dat je dat wilt, en dat je zelf moet organiseren om met anderen te spreken over de morele kwaliteit van je keuzes.

Een verantwoordelijkheid verplicht, ongeacht de oorsprong.

Bovendien ziet zo'n gesprek er ook heel anders uit. Of je wel of niet moreel verantwoordelijk bent, is een conclusie na een morele afweging. Uit hoofdstuk 1 weten we dat morele uitspraken persoonsgebonden zijn. Ze tonen, toetsen en vormen immers de persoon. Een gesprek over morele verantwoordelijkheden heeft hierdoor een heel ander karakter dan een werkoverleg of een rechtszitting. Een gesprek over morele verantwoordelijkheden is noodzakelijkerwijs een dialoog. Een gesprek waarin je meent wat je zegt, waarin je toont wie je bent en wat je belangrijk vindt. Zo'n gesprek gaat niet vanzelf. Je moet er inspanning voor leveren, je moet het willen, en er liggen problemen op de loer. Moeilijkheden in het verantwoorden van je morele verantwoordelijkheid bespreken we in de volgende paragraaf.

3.2 Verantwoordelijkheid in actie

Wat kan er fout gaan met verantwoordelijkheid? We beginnen met een overzicht van de inzichten uit paragraaf 3.1. Figuur 3.3 geeft schematisch alle aspecten van verantwoordelijkheid weer.

Aan de hand van dit overzicht kunnen we vier soorten van problemen onderscheiden. De eerste drie staan aangegeven in figuur 3.3.

1 het verwarren van resultaatverplichting en inspanningsverplichting
2 het verwarren van zorg dragen en rekenschap afleggen
3 het verwarren van de vormen van rekenschap afleggen
4 geen verantwoordelijkheid willen nemen

FIGUUR 3.3 De verschillende aspecten van verantwoordelijkheid

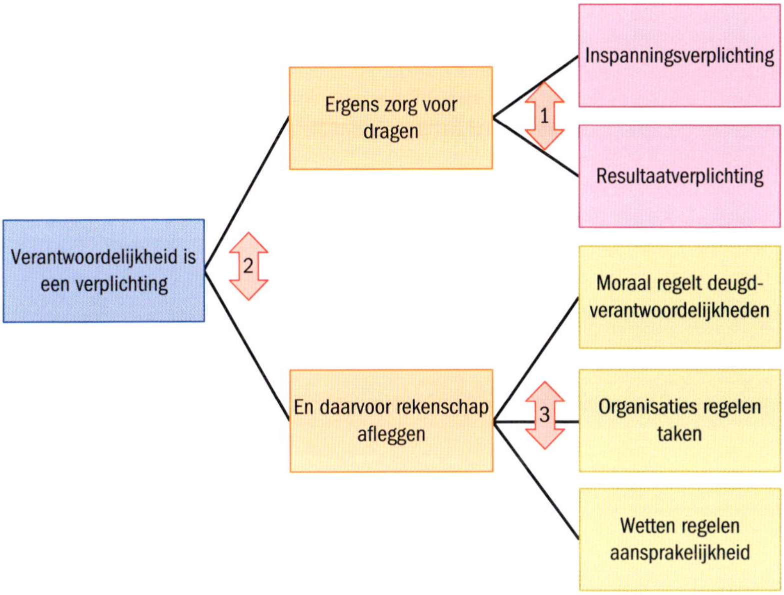

1 Het verwarren van resultaatverplichting en inspanningsverplichting

Het onderscheid tussen resultaatverplichting en inspanningsverplichting is nodig om uit te leggen wat er soms misgaat als we samenwerken. Bijvoorbeeld, je hebt afgesproken in de projectgroep om op tijd bij de vergadering te zijn. Dit is een resultaatverplichting. Je moet het waarmaken dat je er op de afgesproken tijd bent. Maar als je te laat komt, geef je een uitleg dat je wel je best hebt gedaan (inspanningsverplichting) maar dat de trein vertraging had. Soms loopt dit proces uit de hand. Dan geven mensen allerlei smoezen dat ze wel hun best hebben gedaan en waarom het toch niet gelukt is en verliezen ze helemaal hun resultaatverplichtingen uit het oog. Deze mensen nemen geen verantwoordelijkheid. Ze zien hun verplichtingen te veel als een inspanningsverplichting terwijl ze ook resultaten moeten bereiken. Anderzijds gebeurt het ook dat mensen te veel naar resultaten toe werken. De meeste opdrachten op school zijn zo van internet af te halen, maar het zou niet verantwoord zijn dat zonder meer te doen. Het komt er bij verantwoordelijkheid op aan de juiste balans te bereiken tussen een inspanningsverplichting en een resultaatverplichting.

Computers voeren taken uit. Mensen accepteren verplichtingen.

2 Het verwarren van zorg dragen en rekenschap afleggen

Verantwoordelijkheid betekent dat je met het oog op de toekomst dingen op je neemt en met het oog op het verleden daarop aanspreekbaar bent.

Problemen met verantwoordelijkheid kunnen ontstaan doordat mensen dit onderscheid niet maken. Bijvoorbeeld als mensen denken dat verantwoordelijkheid alleen bestaat uit het verantwoorden achteraf; het reactieve aspect. Die mensen doen alleen dingen omdat ze erop aangesproken kunnen worden, maar meestal is dat te weinig. Je moet ook uit jezelf dingen op je nemen; tot je verantwoordelijkheid rekenen. Verantwoordelijkheid krijg je niet van buitenaf opgelegd, verantwoordelijkheid is een plicht die je jezelf oplegt. Een voorbeeld is een sporter die overtredingen maakt en ze rechtvaardigt met 'de scheidsrechter ziet het niet'. Dit zijn smoezen van de categorie K. Deze rechtvaardiging is niet moreel houdbaar. Dat blijkt wel als ze zelf slachtoffer zijn van een overtreding. Dan is de wereld te klein!

Smoezen van de categorie K

TIP
Schrijf elke e-mail of app alsof de hele wereld hem leest.

REFLECTIEVRAAG
3.3 Beschrijf de laatste keer dat jij uit jezelf iets op je nam.

3 Verwarren van de vormen van rekenschap afleggen
De drie bronnen van verantwoordelijkheid leggen je alle drie een verplichting op. Alleen het proces van verantwoorden achteraf kan verschillen. Aansprakelijkheden verantwoord je voor de rechter of de politie, taken bespreek je met je collega's en je baas, maar het afwegen en verantwoorden van morele verantwoordelijkheden is niet georganiseerd in de samenleving. Hierdoor kan de misvatting ontstaan dat aangesproken worden op een deugdverantwoordelijkheid hetzelfde is als het verantwoorden van je taken, of aansprakelijk gesteld worden op basis van een wet. Dit is echter niet correct. Er is een groot verschil tussen het bespreken van taken en het afwegen van morele verplichtingen. Neem de volgende dialoog als voorbeeld:

Jan: 'Ik dacht dat jij de vuilnisbak aan de straat zou zetten?'
Piet: 'Daar hebben wij niks over afgesproken hoor.'
Jan: 'Nee, dat klopt. Maar ik vind dat jij dat uit jezelf moet doen als je erlangs loopt.'
Piet: 'Ja dat kun jij wel vinden, maar ik vind ook wel eens wat. Ik denk dat we maar eens in overleg moeten over de verdeling van huishoudelijke taken.'

Jan spreekt een morele verwachting, een deugdverantwoordelijkheid, uit. Piet ziet dit als taakverantwoordelijkheid en wil hierover afspraken maken. Jan en Piet zijn het eens dat de vuilnisbak aan de straat gezet moet worden, maar ze verschillen van mening over wat voor soort verantwoordelijkheid dit is. Piet vindt dat dit niet tot de morele verwachtingen behoort, Jan wel. Maar Piet gaat wel het gesprek hierover aan. Hij neemt wel zijn standpunt voor zijn rekening. Hierdoor komt er een gesprek op gang waardoor Jan en Piet kunnen samenwerken. En ze zullen er samen vast wel uitkomen, nu duidelijk is waarover ze van mening verschillen.

4 Geen verantwoordelijkheid willen nemen
In het genoemde voorbeeld verschillen Jan en Piet van mening, maar ze nemen hun standpunt wel voor hun rekening. Er is een variant op dit gedrag die veel problematischer is. Sommige mensen willen helemaal nergens verantwoordelijkheid voor dragen ook niet voor hun standpunt dat iets niet hun verantwoordelijkheid is. Deze mensen functioneren te kwader trouw. Ze nemen geen enkele verantwoordelijkheid op zich. Nummer 4 staat niet in figuur 3.3 aangegeven omdat het buiten de figuur valt. Kwade trouw is het ontkennen van verantwoordelijkheid.

Kwader trouw

> Kwade trouw is het ontkennen van de verantwoordelijkheid dat jij het bent die handelt.

Voorbeelden van kwade trouw zijn:

Rechter: 'U wist toch dat die racefiets niet van u was?'
Fietsendief: 'Had ie 'm maar op slot moeten zetten.'
De dief ontkent de verantwoordelijkheid voor het stelen van de fiets

Student: 'Heb ik een vier op dat tentamen?!?'
Docent: 'Ja sorry, ik kon er echt niet meer van maken.'
Met het 'sorry' ontkent de docent de taakverantwoordelijkheid om te beoordelen. Sorry zeg je voor keuzes die je, achteraf, anders gedaan had willen hebben. Een onvoldoende geven is voor een docent een taak. Daar kun je geen sorry voor zeggen.

Als mensen geen verantwoordelijkheid nemen voor hun keuzes, kun je ook geen gesprek voeren over de verdeling van verantwoordelijkheid. Mensen die dit doen, zijn heel lastig om mee samen te werken. Ze nemen zelf weinig initiatief en als je ze aanspreekt is er altijd een excuus. Dit is fnuikend voor de kwaliteit van samenwerken. Daarom gaan we dieper in op het verschijnsel en zijn oorzaken.

Toegespitst op de situatie in organisaties bespreken we twee oorzaken die 'kwade trouw' in organisaties oproept:
1 angst om je te laten kennen
2 geen risico willen lopen fouten te maken

Deze oorzaken worden hierna verder besproken.

1 Angst om je te laten kennen
Je morele overtuigingen, je normen en waarden, vormen een deel van je identiteit. Een gesprek over je morele verantwoordelijkheid raakt je persoonlijk, want er worden uitspraken gedaan over je identiteit. Dit kan alleen als je je veilig voelt in de organisatie. Als dat niet het geval is, kunnen mensen reageren door in een gesprek over verantwoordelijkheden te doen of wetten en afspraken de enige bron van verantwoordelijkheid zijn. Je negeert dan de morele argumenten.

2 Geen risico willen lopen fouten te maken
In deze voorbeelden zijn er naast de expliciete afspraken ook onuitgesproken verwachtingen over wat de ander moet doen. Dit is heel vaak zo in organisaties. Bijna geen enkele taak laat zich geheel omschrijven in een afspraak

met een takenlijstje dat je af kunt vinken. Er blijven altijd verplichtingen over die je zelf moet bedenken. Functioneren is niet alleen een kwestie van verantwoordelijk zijn, maar ook van je verantwoordelijk voelen. Dit betekent dat in professioneel functioneren altijd een stukje van jouw persoonlijke keuze naar voren komt. Integere mensen begrijpen dit. Ze snappen dat hun taken en wettelijke verplichtingen ook een morele verantwoordelijkheid met zich meebrengen.

TIP
Als je een zin begint met 'Ik mag dit eigenlijk niet zeggen, maar ...' – zeg het dan maar niet.

Het is dus belangrijk om de taken en rollen die je vervult ten volle aan te gaan, ten volle te accepteren en te integreren in je persoon. Dat is de uitdaging die integriteit je stelt. Aan het eind van deze paragraaf onderzoeken we hoe je taken en rollen in je persoon kunt verenigen.

REFLECTIEVRAAG

3.4 Neem een taak die je hebt (trainer bij een sportclub, lid van een projectteam). Maak een lijstje met dingen die expliciet zijn afgesproken en een lijstje met dingen die andere betrokkenen zeker van je verwachten, maar die niet expliciet geformuleerd zijn.

Verantwoordelijk zijn en verantwoordelijk voelen

Maar wanneer ben je nu verantwoordelijk? Dit is een veel gestelde vraag waarop we aan het eind van dit hoofdstuk over verantwoordelijkheid nu toch wel een antwoord willen hebben. Om een antwoord op deze vraag te geven, moeten we eerst de vraag goed begrijpen. Probleem is dat in de formulering van de vraag, het onduidelijk is of de vraag beschrijvend (objectief) of voorschrijvend (normatief) wordt bedoeld. Doordat deze twee betekenissen door elkaar lopen in de vraag, is het moeilijk een eenduidig antwoord te geven. We verduidelijken dit probleem met het onderscheid verantwoordelijk zijn versus verantwoordelijk voelen. Met het eerste wordt dan bedoeld de objectieve betekenis van de vraag; 'wat zijn je verantwoordelijkheden?' Met de tweede wordt dan bedoeld de normatieve betekenis; 'vind jij dat jij verantwoordelijk bent?' We lichten dit toe aan de hand van het bekende voorbeeld van Hanna onze pizzabezorger.

Verantwoordelijk zijn

Hanna koos een andere route toen de brug openstond. Was dit een taakverantwoordelijkheid of een deugdverantwoordelijkheid? Dit is belangrijk om te weten, want als het een taakverantwoordelijkheid is, kan haar baas haar veel strenger aanspreken. Ze doet haar werk immers niet zoals ze het behoort te doen. Als het alleen een deugdverantwoordelijkheid is, wordt het een heel ander gesprek tussen Hanna en haar baas. De plicht van Hanna een andere route te kiezen, weegt zwaarder als het een taakverantwoordelijkheid is dan wanneer het een deugdverantwoordelijkheid is. Probleem is natuurlijk dat het onderscheid niet zo eenvoudig te maken is. Een afspraak over omrijden als de brug openstaat zal zeker niet in het arbeidscontract staan, maar toch kan men in het bedrijf algemeen van mening zijn dat dat wel degelijk tot je taak behoort. Of dit het geval is, is een kwestie van *bedrijfscultuur*. En de verschillende pizzeria's in de stad zullen verschillen in fanatisme als het gaat om snel pizza's bezorgen.

Bedrijfscultuur

Je kunt wel verantwoordelijk zijn, maar je moet je ook verantwoordelijk voelen.

3

Wat we hier zien is het verschijnsel dat taakverantwoordelijkheden moeilijk goed zijn uit te voeren als ze niet ook als deugdverantwoordelijkheden worden opgevat, of erdoor worden ondersteund. Dit wordt ook uitgedrukt in de zin: je kunt wel verantwoordelijk zijn, maar je moet je ook *verantwoordelijk voelen*. Dit betekent dat Hanna haar taken moet opvatten als iets wat ze *behoort* te doen. Ze moet haar werk met de nodige inzet doen. Zij moet haar taak met deugdverantwoordelijkheid uitvoeren. Pas dan is zij een goede werknemer. Dit geldt voor alle beroepen en organisaties. Elk beroep en elk bedrijf heeft zijn 'open bruggen' waarover een moraal zegt of ervoor omgereden moet worden of niet. Men spreekt dan vaak van beroepsethiek of arbeidsethos. Het draait dan altijd om de deugdverantwoordelijkheid die je vooraf op je neemt en waarmee je je werk verricht.

Verantwoordelijk voelen

Beroepsethiek

REFLECTIEVRAAG

3.5 Ken jij een organisatie (gezin of werkgever) waar je absoluut niet bij wilt horen? Waarom niet?

3.3 Verzachtende en verontschuldigende omstandigheden

Verantwoordelijk zijn betekent aanspreekbaar zijn. Maar er zijn situaties waarin iemand niet helemaal of helemaal niet verantwoordelijk kan worden gehouden voor zijn of haar handelen. Dit heeft tot gevolg dat die persoon dan achteraf minder of niet verantwoordelijk wordt gehouden voor het de keuzes. Omstandigheden die iemand vrijpleiten van verantwoordelijkheid heten *verontschuldigende omstandigheden*. Omstandigheden die iemand gedeeltelijk vrijpleiten heten verzachtende omstandigheden. We bespreken ze achtereenvolgens.

Verontschuldigende omstandigheden

Er is een viertal verontschuldigende omstandigheden:

1 *Onwetendheid over de aard of de consequenties van een handeling*. Als je niet weet wat de gevolgen zijn van je gedrag, kun je er moeilijk verantwoordelijk voor gehouden worden. Onwetend over de consequenties waren bijvoorbeeld bouwbedrijven die in de jaren vijftig hun werknemers onbeveiligd met asbest lieten werken. In dit geval is het belangrijk dat de handelende persoon werkelijk niet van tevoren wist of redelijkerwijs had kunnen weten wat de aard of de gevolgen van zijn handeling waren.
2 *Er is sprake van een vorm van dwang*. Als je gedwongen wordt tot een bepaalde handeling kun je niet verantwoordelijk worden gehouden. Dwang kan zijn externe dwang, zoals wanneer iemand onder dwang meedoet

aan het beroven van een bank, maar het kan ook interne dwang zijn, zoals bij iemand die een psychische stoornis heeft als kleptomanie (een ziekelijke afwijking die leidt tot stelen) en op grond daarvan gedrag vertoont dat buiten de bewuste keuze ligt. Ook hier is de kritische vraag, 'was er werkelijk sprake van dwang, of zegt de betrokkene het om zich niet te hoeven verantwoorden?'

3 *Je hebt geen invloed op de gang van zaken (overmacht).* Je bent ziek dus je kunt niet naar school. Er staat een file, dus je kunt niet op tijd komen. Dit is overmacht waardoor je je afspraken niet kunt nakomen. De moeilijkheid is dat deze verontschuldiging alleen opgaat wanneer je je wel deugdverantwoordelijk hebt opgesteld. Dus ziek worden omdat je een nacht in de kroeg hebt doorgehaald, telt niet. En als er elke dag een file staat, dan neem je je verplichting op tijd te komen niet serieus en telt dit argument van overmacht ook niet.

4 *De afwezigheid van de vaardigheid om te handelen.* Als iemand niet kan zwemmen, hoeft hij of zij een drenkeling niet achterna te springen. Men is wel moreel verplicht (verantwoordelijk) om op een andere manier hulp te halen.

Verzachtende omstandigheden

Verontschuldigende omstandigheden pleiten iemand vrij van verantwoordelijkheid. *Verzachtende omstandigheden* pleiten iemand gedeeltelijk vrij van verantwoordelijkheid. Dit kan het geval zijn wanneer je slechts zijdelings bij een moreel verkeerde daad bent betrokken; je bent dan minder verantwoordelijk dan de direct betrokkene.

De moderne jeugd is vroeg mondig, maar oud volwassen.

Morele smoes

Als verontschuldigende of verzachtende omstandigheden uit hun verband worden gerukt of onredelijk groot worden gemaakt, dan krijgt ernaar verwijzen de vorm van een *morele smoes*. Hiervan is vaak sprake als iemand helemaal niet de bedoeling heeft om verantwoordelijkheid te nemen. Voorbeelden zijn:

- Dat kan ik toch niet weten.
- Het is uiteindelijk zijn eigen verantwoordelijkheid.
- Ik kan het toch proberen?
- Dan gaat ze toch weg als het haar niet aanstaat.
- Ach, een keertje is toch niet erg.
- Dat is mijn zaak niet hoor, daarover gaat mijn baas.
- Iedereen doet het.
- Als ik het niet doe, doet een ander het wel.

Al deze voorbeeldzinnen kúnnen in specifieke situaties redelijke argumenten zijn, maar meestal worden ze gebruikt om verantwoordelijkheid te ontlopen.

REFLECTIEVRAAG

3.6 Wat is jouw morele smoes? Wanneer probeer jij verantwoordelijkheid te ontlopen en wat zeg je dan?

Samenvatting

Verantwoordelijkheid is een morele keuze uitgespreid in de tijd. Het is enerzijds:
- de plicht voor iets of iemand zorg te dragen (vooraf) en anderzijds
- de plicht rekenschap af te leggen over je keuzes (achteraf).

De plicht iets te doen kan gebaseerd zijn op:
- morele uitgangspunten; dit heet deugdverantwoordelijkheid
- afspraken met mensen met wie je samenwerkt; dit heet taakverantwoordelijkheid
- wetten; dit heet aansprakelijkheid

In het dagelijks werk zijn taak- en deugdverantwoordelijkheid vaak moeilijk te scheiden. De conclusie dat je een verantwoordelijkheid hebt, is een moreel oordeel. In een organisatie komt goed functioneren vaak neer op de juiste balans vinden tussen je taken en deugdverantwoordelijkheden.

Problemen met verantwoordelijkheden berusten vaak op:
- het verwarren van resultaatverplichting en inspanningsverplichting
- het verwarren van zorg dragen en rekenschap afleggen
- het verwarren van de drie soorten verantwoordelijkheid

Iemand wordt (gedeeltelijk) vrijgepleit van verantwoordelijkheid door:
- verontschuldigende omstandigheden (pleiten volledig vrij)
- verzachtende omstandigheden (pleiten gedeeltelijk vrij)

'Wat moet jij doen?'

Rechten
worden vaak
geclaimd,
plichten
zelden aan-
gekondigd.

4 Rechtvaardigheid: ethiek voor het samenleven

In hoeverre ben je gelijk aan anderen?
Krijg je wat je toebehoort?
Wat is eerlijk?
In hoeverre ben je ongelijk aan anderen?
Wat verdien je?
Mag je altijd meebeslissen?

In hoofdstuk 1 zagen we dat morele keuzes gebaseerd zijn op een beeld van goed samenleven. Veel keuzes over wat goed samenleven precies is, zijn in onze samenleving al eerder gemaakt, en liggen redelijk vast.

In het vorige hoofdstuk ging het over je verplichtingen die je hebt; je verantwoordelijkheden die je waar moet maken tegenover anderen. In dit hoofdstuk gaat het over de rechten die je kunt claimen van anderen. Wat betekent het dat je recht hebt op iets? En wat betekent het voor anderen? Deze vraag onderzoeken we in de eerste paragraaf van dit hoofdstuk. In paragraaf 4.2 bespreken we hoe we verschillende rechten kunnen afwegen en daarna in paragraaf 4.3 zal blijken dat een ander centraal begrip uit de ethiek, rechtvaardigheid, hierdoor ook veel beter begrepen kan worden.

4.1 Waarom hebben we rechten?

Wat zijn dat eigenlijk, rechten? Wat betekent het dat je ergens recht op hebt? Heb je daarmee een garantie op zak dat het altijd zo gebeurt? Wat betekent het dat ik jouw recht ergens op moet respecteren? Moet ik een garantie waarmaken, zoals een verzekeringsmaatschappij moet uitbetalen bij schade? Zo ongeveer wel ja. Met het begrip rechten drukken we uit dat mensen iets kunnen claimen van anderen.

Recht

> Een recht is een norm die stelt dat anderen iets moeten doen of laten met als doel een bepaalde vrijheid van een individu te garanderen. Een recht is zo geformuleerd dat het resultaat, de vrijheid van een individu, centraal staat. Een recht verplicht anderen.

Een recht is een speciaal soort norm die tot doel heeft een bepaalde vrijheid te realiseren. Een recht verplicht mensen weliswaar tot iets, maar in tegenstelling tot gewone normen gaat het niet om wat er precies moet gebeuren, maar om het beoogde resultaat voor de ander. Wat dit resultaat betreft zijn rechten een soort mix van een norm en een waarde, omdat het niet alleen om het gedrag gaat, maar ook om het resultaat van het gedrag. Een recht verplicht iemand iets te doen omwille van het resultaat voor de ander. Dit resultaat is altijd een bepaald soort vrijheid die door het recht beschermd wordt.

De vrijheid van meningsuiting is niet het recht om op elk willekeurig moment je mond open te doen.

Maar waarom hebben we rechten? Waarvoor is dit begrip nodig? Het antwoord op deze vraag is te vinden in het feit dat structuren in de samenleving altijd macht en afhankelijkheid tussen mensen tot gevolg hebben. Als je bij de kassa van een winkel afrekent, heb je recht op het juiste wisselgeld. Als je op school een beoordeling terugkrijgt, heb je recht om te weten waarom. Als je in een ziekenhuis belandt, heb je recht op een stukje privacy. In al deze voorbeelden spelen macht en afhankelijkheid een rol. De kassière, de docent, het verplegend personeel, ze hebben allen op een bepaalde manier macht om keuzes te maken waarin jij te kort gedaan wordt. De kassière kan zeggen: ‘Aan deze kassa kunt u alleen pinnen hoor’. Als klant ben je op dat moment afhankelijk van de manier waarop de supermarkt haar macht uitoefent.

Om te voorkomen dat mensen gepiepeld worden in de maatschappelijke interactie, om de menselijke waardigheid veilig te stellen, formuleren we rechten. Het is een soort morele garantie waarin we uitspreken dat in ieder geval aan bepaalde minimumeisen voldaan moet worden. Die minimumeisen zijn dan de inhoud van het recht dat je hebt.

TIP
Rechten zijn gevaarlijke morele argumenten. Ze verplichten anderen en zelf hoef je niets te doen. Dit maakt passief en gaat gemakkelijk ten koste van je eigen verantwoordelijkheid. Het opeisen van rechten bij anderen moet dan ook met de nodige zorg gebeuren.

Verhouding tussen moraal en recht
Rechten zijn een moreel begrip en een juridisch begrip. Wettelijke en morele rechten kunnen samenvallen, maar doen dit niet altijd. Soms loopt de ontwikkeling van de moraal voor op de wet en wordt na verloop van tijd de wet aangepast. Soms wordt er een wet gemaakt en dan volgt na verloop van tijd een ontwikkeling in de moraal. Een voorbeeld hiervan is de ontwikkeling van de moraal rondom roken.

Roken moet mogen
Zo'n vijftig jaar geleden was roken overal normaal. En er is een wet die gebruik van tabak legaal maakt. Iedere burger heeft de vrijheid om te roken. Deze vrijheid wordt door de wet beschermd. Het was moreel geaccepteerd dat je in gezelschap, bij iemand anders in huis of op het werk, een sigaret opstak. Vanaf de jaren tachtig van de vorige eeuw komt daar langzamerhand verandering in. In 1978 verbood het ministerie van Onderwijs het roken in de klas. Er zijn durfals die een sticker op de deur plakken: 'dit is een rookvrij huis'. Anderen spraken daar schande van, die vonden dit niet gastvrij. De moraal was: roken moest mogen. In 25 jaar verandert deze moraal totdat het volkomen normaal is dat je even naar buiten gaat als je rookt. Dan komt de overheid in 2004 met een wet die roken op het werk verbiedt. Deze wet heeft echter nog een fiks aantal uitzonderingssituaties waarin het roken wel mag. In de jaren daarna worden die uitzonderingen verwijderd en wordt het roken steeds meer ingeperkt. Nu weer vijftien jaar later wordt de norm steeds meer dat roken een privézaak is waar anderen helemaal van gevrijwaard mogen blijven. Vraag maar eens aan je grootouders hoe het vroeger ging met roken.

Er zijn verschillende voorbeelden die duidelijk maken dat de overheid mensen een moraal oplegt door middel van wetgeving. Zo verplicht de overheid de bevolking tot het dragen van een bromfietshelm en autogordels. Het argument hiervoor is moreel: autogordels redden mensenlevens en dat is goed om te doen, maar de overheid verplicht het aan alle burgers. Ze legt een wet op in de hoop dat de ontwikkeling van de moraal zal volgen.

REFLECTIEVRAGEN
4.1 Mag de overheid verbieden dat mensen een boerka dragen op straat?
4.2 Mag de overheid winkeliers verplichten om 10 eurocent voor een plastic draagtas te vragen?

4.2 Rechten vergelijken

In een morele afweging kan het gebeuren dat er rechten vergeleken moeten worden. Om deze vergelijking gemakkelijker te maken, gaan we verschillende soorten rechten onderscheiden. Dit doen we aan de hand van de volgende onderscheiden:

- Op basis waarvan geldt het recht?
- Hoe kun je het recht afdwingen?
- Hoeveel mensen zijn het er mee eens dat dit recht moet gelden?

Deze drie verschillende manieren waarop we naar rechten kunnen kijken, bespreken we in deze paragraaf.

Algemene en specifieke rechten

Als we de vraag beantwoorden voor wie een recht geldt, dan maken we een onderscheid tussen algemene en specifieke rechten. We spreken van *algemene rechten* als ze niet zijn toegewezen aan aanwijsbare personen. Algemene rechten komen ieder mens toe omdat hij of zij mens is. Het bekendste voorbeeld hiervan zijn de mensenrechten die zijn vastgelegd in de Universele Verklaring van de Rechten van de Mens. De mensenrechten gelden onafhankelijk van de situatie van individuele personen voor iedereen op de hele wereld.

Algemene rechten

We spreken ook van een algemeen recht als het voor een bepaalde categorie mensen geldt. Studenten hebben recht op inzage na het maken van een toets, is hiervan een voorbeeld. Om hiervoor in aanmerking te komen moet je wel de toets hebben gemaakt, maar het recht geldt wel voor iedereen die de toets gemaakt heeft. Omdat dit voor alle studenten geldt, noemen we het recht op inzage een algemeen recht.

> 'De eis bemind te worden, is de grootste aller arroganties.'
>
> — Friedrich Nietzsche, 1844-1900

Specifieke rechten

Specifieke rechten zijn specifiek in de zin dat ze toegewezen zijn aan een bepaalde persoon, op basis van een afspraak, een belofte of een contract. In dat geval is er sprake van een relatie die aanwijsbare personen met elkaar onderhouden. Aan deze relatie kan het specifieke recht ontleend worden. Een toezegging van levering van goederen betekent een leverplicht en daardoor een recht op levering. Deze levering geldt echter alleen voor degene die besteld heeft, en niet voor anderen. Specifieke rechten gelden dus alleen voor degenen die een vorm van afspraak (een contract of toezegging) zijn aangegaan.

Morele rechten en wettelijke rechten

We hebben gezien dat rechten opeisbaar zijn. Maar de wijze waarop je ze op kunt eisen, verschilt nogal. We bespreken een voorbeeld om het toe te lichten. Stel je een basisschool voor die geconfronteerd is met een forse financiële tegenslag. Er is een groot probleem. Een voorstel van de schoolleiding lost het probleem in een keer op: schrap van de oneven groepen de schoolreisjes dit jaar. In de discussie hierover stelt juf Geesje dat alle kinderen recht hebben op een jaarlijkse schoolreis. Ze oppert dat het goed is voor de ontplooiing van de kinderen. Hiermee benadrukt juf Geesje de waarde 'ontplooiing'. Juf Gea vindt ook dat de kinderen recht hebben op een schoolreis. Ze zegt dat het schrappen van schoolreisjes onrechtvaardig zou zijn, omdat andere jaren ook iedereen op schoolreis ging en dat je de kinderen gelijk moet behandelen. Ook meester Gerto benadrukt dat het schrappen onrechtvaardig is. Hij vindt dat óf iedereen óf geen van de klassen op schoolreis moet, zodat je alle kinderen op school gelijk behandelt.

In dit voorbeeld zie je dat de leerkrachten morele argumenten gebruiken om de schoolleiding ervan te overtuigen dat een schoolreis van de kinderen een recht is. Een recht dat gebaseerd is op een verzameling morele uitgangspunten noemen we een *moreel recht*. Nu is het recht op een schoolreis niet vastgelegd in de wet. Maar veel morele rechten zijn zo algemeen geaccepteerd, dat ze in de loop der tijd zijn vastgelegd in een systeem van wetten. Als dat het geval is, spreken we van een *wettelijk recht*.

Morele rechten

Wettelijke rechten

Een moreel recht dwing je af met morele argumenten, zoals we in het voorbeeld van het schoolreisje zagen gebeuren. Een wettelijk recht kun je afdwingen met morele argumenten, maar ook met machtsmiddelen die de wet je biedt. Een voorbeeld van een wettelijk recht is het recht op telefoonaansluiting voor Nederlandse ingezetenen. KPN is verplicht om iedereen die dat aanvraagt een vaste telefoonaansluiting te leveren, ongeacht de kosten.

Hoe ligt nu deze verhouding tussen wetten en morele rechten? Gaan wettelijke rechten altijd boven morele rechten? En waarop is die wettigheid van wettelijke rechten gebaseerd?
Alle wetten zijn gebaseerd op gezamenlijke morele keuzes in hoe we ons samenleven moeten organiseren. Deze morele keuzes zijn gemaakt door de wetgevende macht in Nederland: het parlement en de ministerraad. Dit betekent niet dat iedereen het moreel gezien eens is met alle wetten. Een voorbeeld van dit laatste is de abortuswetgeving. In Nederland heeft een vrouw de vrijheid om abortus te plegen als ze dat wil. Niet iedereen is het hiermee eens. Het wettelijk recht van vrouwen abortus te mogen plegen, houdt in dat ze in laatste instantie zelf mogen beslissen en onafhankelijk zijn van het morele oordeel, de inzichten en aanspraken van anderen. Het recht op abortus garandeert de vrijheid dat een vrouw zelf kan beslissen. Dit is een voorbeeld van een wettelijk recht dat door sommigen op morele gronden betwist wordt.
Er zijn ook voorbeelden te geven van morele rechten die door wetten juist verboden worden. Dit brengt ons op het laatste onderscheid in soorten rechten.

Algemeen erkende en ideële morele rechten

Een voorbeeld van een situatie die bij wet verboden is maar op morele gronden verdedigd wordt, is het kerkasiel dat sommige kerken bieden aan uitgeprocedeerde asielzoekers. Ook sommige gemeenten helpen uitgeprocedeerde asielzoekers terwijl de nationale overheid dit bij wet verbiedt. Redenen die de gemeenten hiervoor geven zijn bijvoorbeeld dat 'iedereen recht heeft op een dak boven zijn hoofd' en dat 'alle kinderen recht hebben op onderwijs'.

Algemeen erkende morele rechten

Dit recht op een huis en op onderwijs zijn voorbeelden van *algemeen erkende morele rechten*. Dit betekent dat ze berusten op de instemming van een grote meerderheid. Ze kunnen bijvoorbeeld afkomstig zijn uit de Universele Verklaring van de Rechten van de Mens. Hoewel dit soort rechten op een grote mate van erkenning door de bevolking mogen rekenen, geldt dat de erkenning ervan nog groter wordt wanneer ze ook bij wet worden vastgelegd. Immers, pas dan is het mogelijk bij niet-nakoming sancties toe te passen, hetgeen bij morele rechten veel moeilijker is.

REFLECTIEVRAAG

4.3 Zoek de vrijheid van meningsuiting op in de Nederlandse Grondwet. Waar staat die?

Ideële morele rechten

4

Naast deze algemeen erkende morele rechten kunnen *ideële morele rechten* worden onderscheiden. Dit zijn morele rechten die geen brede erkenning genieten, zoals de algemeen erkende morele rechten. Het bestaansrecht van ideële morele rechten berust dus niet op algemene geldigheid en erkenning, maar alleen op hun inhoud, die er meestal door (kleine) groepen in de samenleving aan toegekend wordt. Voorbeelden van deze rechten zijn het recht op gratis software (op internet) of het recht van dieren op een menswaardig bestaan. Een voorbeeld van een recht dat twintig jaar geleden nog een ideëel moreel recht was en ondertussen via algemeen erkend moreel recht tot een wettelijk recht is omgevormd, is het recht op een rookvrije werkplek.

In figuur 4.1 is schematisch een totaaloverzicht gegeven van de verschillende rechten.

FIGUUR 4.1 Verschillende rechten

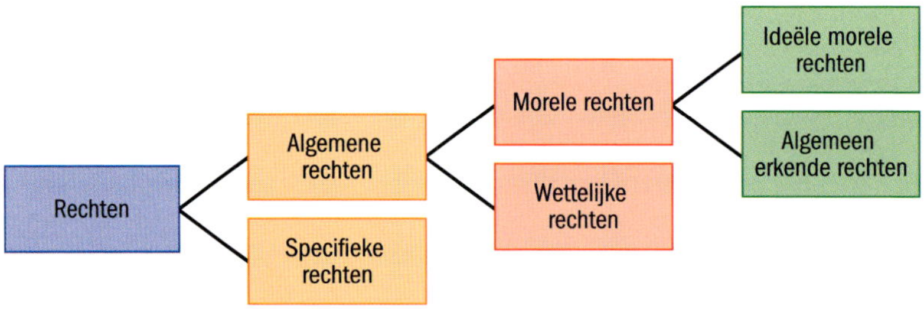

REFLECTIEVRAAG

4.4 Vraag aan je (groot)ouders hoe het vroeger ging met roken. Was het vroeger een recht om een sigaret te mogen opsteken?

Als rechten botsen

Botsende rechten

Een van de lastige kwesties op het terrein van 'recht' is het botsen van rechten en de vraag welke van de rechten in zo'n situatie het zwaarste weegt.
Om een voorbeeld te noemen. In het huidige tijdsgewricht speelt de vraag of gelovige mensen het recht kunnen claimen dat anderen hun geloof niet belasteren. Gelovigen claimen het recht om niet beledigd te worden op

grond van twee artikelen uit de Grondwet. Nu zijn er tegenstanders van deze claim op een recht om niet beledigd te worden. Let wel, deze mensen vinden het niet goed om te vloeken of Jezus of Allah belachelijk te maken. Ze vinden alleen dat niemand de vrijheid ontnomen mag worden zoiets te doen. Deze tegenstanders beroepen zich óók op een recht, namelijk het recht op vrijheid van meningsuiting, dat ook in de Grondwet staat. Tegenstanders van het verbod op belediging wijzen erop dat het recht op vrijheid van meningsuiting van grotere waarde is dan het recht van gelovigen gevrijwaard te blijven van beledigingen. Maar waarom zou het ene recht zwaarder moeten wegen dan het andere? Op grond waarvan maak je deze afweging?

Het probleem dat in dit voorbeeld naar voren komt, is dat grondrechten gelijkwaardig aan elkaar zijn en toch met elkaar kunnen botsen. Zoals wel duidelijk zal zijn, is er op dit moment een maatschappelijk vertoog gaande over deze situaties waarin grondrechten naar verschillende oplossingsrichtingen wijzen.

REFLECTIEVRAAG

4.5 Hoe ben jij onderdeel van dit maatschappelijk vertoog? Wat is je standpunt en hoe maak je het duidelijk?

Vuistregels wanneer rechten botsen

Als er sprake is van verschillende soorten rechten, zijn er wel degelijk vuistregels te formuleren om aan te geven welk recht voorrang zou moeten hebben. Deze vuistregels moeten echter met de nodige voorzichtigheid gehanteerd worden. Ze vormen namelijk niet meer dan een richtlijn en fungeren slechts als hulpmiddel voor een morele keuze om een recht te laten prevaleren. Het gaat om de volgende vuistregels:

1 Algemene rechten gaan boven specifieke rechten.
2 Wettelijke rechten gaan boven morele rechten.
3 Algemeen erkende morele rechten gaan boven ideële morele rechten.

> 'Een man die het heel druk heeft, verandert zelden van mening.'
>
> — Friedrich Nietzsche, 1844-1900

De vuistregel voor algemene en specifieke rechten is gebaseerd op de vraag hoeveel mensen aanspraak op dat recht kunnen maken. Een recht van meer mensen telt zwaarder dan een recht van een enkeling. De vuistregels voor wettelijke en morele rechten en voor algemeen erkende morele rechten en ideële morele rechten zijn gebaseerd op de mate van erkenning ervan. Wettelijke rechten en algemeen erkende morele rechten worden breder geaccepteerd.

Het afwegen van rechten levert een morele keuze op. Er is een begrip waarmee we weergeven dat de rechten op de juiste manier, in de juiste verhouding, erkend en gerealiseerd zijn. Dit begrip is rechtvaardigheid. In de volgende paragrafen gaan we dit begrip onderzoeken.

4.3 Rechtvaardigheid is het erkennen van gelijkheid

Als een klasgenoot je niet uitnodigt voor het verjaarsfeest, kan dat teleurstellend en zelfs immoreel zijn, maar het is niet onrechtvaardig. Als de meester van groep 8 iedereen trakteert maar jou overslaat, dan is dat wél onrechtvaardig. De waarde rechtvaardigheid is een moreel kenmerk van hoe mensen in organisaties samenwerken. Dit behoort te gebeuren op zo'n manier dat de gelijkwaardigheid van de mensen recht wordt gedaan. Rechtvaardigheid gaat een rol spelen op het moment dat er op enige wijze sprake is van macht. Als je in de trein stapt en er is geen zitplaats meer, is dat niet onrechtvaardig. Als de conducteur de zitplaatsen bij opbod verkoopt, is het wel onrechtvaardig. Iedereen heeft evenveel recht op een zitplaats. Rechtvaardigheid drukt uit dat mensen in een organisatie fatsoenlijk behandeld moeten worden, dat zaken eerlijk verdeeld worden en dat er op een correcte manier besluiten worden genomen. We hebben het daarmee over drie aspecten van rechtvaardigheid: rechtvaardige behandeling, rechtvaardige verdeling en rechtvaardige procedure. Deze drie aspecten gaan we nu onderzoeken.

Wie moet je gelijk behandelen?

We zagen dat rechtvaardigheid te maken heeft met hoe mensen behandeld worden in een situatie waarin macht een rol speelt. Voorbeelden van structuren waarin macht een rol speelt, zijn: de sportvereniging, de school, het werk, het gezin, maar ook het land waarin we wonen met de wetten die er gelden. Binnen al deze structuren waarin mensen afhankelijk zijn van elkaar kun je zeggen of mensen gelijkwaardig worden behandeld of niet. Het gaat er daarbij altijd om of de macht moreel verantwoord gebruikt wordt.

Rechtvaardigheid

> Rechtvaardigheid is de morele eis mensen gelijkwaardig te behandelen en hun grondrechten te erkennen in een situatie waar macht een rol speelt.

Een collega die vanwege zijn verjaardag op het werk alleen zijn vrienden trakteert, is een immorele collega, maar geen onrechtvaardige collega. Rechtvaardigheid is wel aan de orde als, bijvoorbeeld, de organisatie alle mannen tien procent meer loon geeft (een veel voorkomend verschijnsel). Dat noemen we onrechtvaardig. Andere voorbeelden van onrechtvaardigheid zijn:

- als twee klassen hetzelfde tentamen maken, maar één klas meer colleges heeft gehad
- als de fooienpot van het restaurant alleen verdeeld wordt onder het vaste personeel
- als een interne vacature in een organisatie niet bekend wordt gemaakt, maar onderhands wordt ingevuld
- als vader in zijn eentje beslist waar het gezin naar op vakantie gaat

Gelijkwaardigheid

Rechtvaardigheid heeft alles te maken met gelijkwaardigheid van mensen. Nu weet iedereen dat alle mensen ongelijk zijn. Geen mens is gelijk, daarom neem je voor je vrienden ook verschillende verjaarscadeautjes mee. Wat de voorbeelden echter laten zien is dat het bij rechtvaardigheid gaat om gelijkheid *binnen een structuur waarin macht een rol speelt*. Voorbeelden van zulke structuren zijn: de Nederlandse wet, de organisatie waar je werkt, je sportvereniging of het gezin waarin je opgroeit. Voor al deze structuren geldt: mensen dienen gelijk behandeld te worden en gelijke kansen te hebben. Dit principe is zo belangrijk dat het het eerste artikel is van de Nederlandse Grondwet:

> **Grondwet, artikel 1**
> Allen die zich in Nederland bevinden, worden in gelijke gevallen gelijk behandeld. Discriminatie wegens godsdienst, levensovertuiging, politieke gezindheid, ras, geslacht of op welke gronden dan ook, is niet toegestaan.

Het belangrijkste aspect van rechtvaardigheid is het principe dat mensen gelijkwaardig zijn aan elkaar en dat het slecht is om mensen ongelijk te behandelen. Rechtvaardige behandeling betekent in eerste instantie recht doen aan deze *fundamentele gelijkwaardigheid* van mensen. Dit betekent niet dat iedereen precies gelijk behandeld moet worden, maar wel dat er goede redenen moeten zijn om mensen verschillend te behandelen. Redenen die bij voorbaat uitgesloten zijn om mensen ongelijk te behandelen zijn vastgelegd in algemene rechten of *grondrechten*.

Rechtvaardige behandeling

Het erkennen van grondrechten is een voorwaarde voor rechtvaardige behandeling. Grondrechten beschermen de menselijke waardigheid en mensen mogen eisen dat met die rechten rekening wordt gehouden.

Erkenning grondrechten

4

'Ieder mens is uniek.'

— Prof. dr. H. Galjaard, hoogleraar genetica

Wanneer mensen ongelijk worden behandeld, dan moeten er goede gronden voor worden aangegeven, wil zo'n ongelijke behandeling rechtvaardig zijn. De gronden voor een ongelijke behandeling kunnen liggen in het feit dat mensen bepaalde rechten hebben verworven die niet voor anderen gelden. Wanneer een werkgever bijvoorbeeld bepaalde afspraken maakt met een van de werknemers ten aanzien van verlof vanwege het verzorgen van een zieke vader, dan is er sprake van een individuele afspraak die alleen voor die werknemer geldt en niet voor zijn collega's. We noemen zo'n individuele afspraak die voor een iemand geldt een *specifiek recht*. Mensen kunnen dus ongelijk worden behandeld, terwijl het toch rechtvaardig is. Het erkennen van specifieke rechten is een tweede voorwaarde van rechtvaardige behandeling.

Erkenning specifieke rechten

REFLECTIEVRAAG

4.6 Ben jij gelijk aan de klasgenoot naast je? In welk opzicht wel en in welk opzicht niet?

Wat is een eerlijke verdeling?

Het begrip rechtvaardigheid komt ook vaak naar voren als er zaken verdeeld moeten worden. Het komt er vaak op aan materiële zaken (geld en goederen), maar ook immateriële zaken als kansen en mogelijkheden, 'eerlijk' te verdelen. Wat dan eerlijk is, is een vraag van rechtvaardige verdeling.

Rechtvaardige verdeling

Bij rechtvaardige verdeling gaat het om de vraag in hoeverre de ongelijkheid tussen mensen gevolgen heeft voor het verdelen van zaken. Hebben studenten met dyslexie recht op langere tentamentijd omdat ze slecht kunnen lezen? En studenten voor wie Nederlands een tweede taal is, hebben die ook recht op extra tentamentijd? Dit zijn vragen die gaan over rechtvaardige verdeling van zaken, in dit geval tentamentijd.
In het dagelijks leven zien we heel veel verdelingsvraagstukken. Denk maar aan zitplaatsen in de trein, een WIA-uitkering voor mensen die gedeeltelijk arbeidsongeschikt zijn, reiskostenvergoeding voor medewerkers van een hogeschool of een collegerooster waarin de uren mooi opeenvolgen voor een klas.

In al deze gevallen moeten er zaken verdeeld worden en de vraag is: hoe? Voorbeelden van manieren van verdelen zijn:

- 'wie 't eerst komt, wie 't eerst maalt'
- loten
- iedereen een gelijk stukje

Maar het zou onrechtvaardig zijn, om niet te zeggen onnozel, om extra tentamentijd te verdelen op een van deze drie manieren. Dit doet geheel geen recht aan de behoefte van studenten met dyslexie, en aan de gelijkheid van alle anderen. Het is dus zaak om een manier van verdelen te vinden die recht doet aan de ongelijkheid en dan ook nog in de juiste mate en op de juiste wijze. We noemen zo'n manier van verdelen een rechtvaardig principe van verdeling.

De gedachten van de superieure mens zijn vertrouwd met rechtvaardigheid; de gedachten van de middelmatige mens zijn vertrouwd met opbrengst.

— Chinees spreekwoord

Ieder het zijne

Inhoudelijke verdelingsprincipes

Bij rechtvaardige verdeling moeten we gelijk toebedelen in zoverre mensen gelijk zijn en ongelijk toebedelen in de mate waarin mensen ongelijk zijn. Nu is niemand aan een ander gelijk. Het gaat er natuurlijk om dat mensen in relevante opzichten gelijk zijn. Wat zijn nu relevante verschillen tussen mensen? Om welke reden moeten we zaken ongelijk gaan verdelen? Om deze vraag te beantwoorden zijn *inhoudelijke verdelingsprincipes* nodig. Hier gaan we nader op in.

Het gelijkheidsprincipe van verdeling

Strikt gelijke verdeling

Als er in een verdelingsvraagstuk van uit wordt gegaan dat mensen gelijk zijn aan elkaar, dan passen we het principe van *strikt gelijke verdeling* toe. Het principe van strikt gelijke verdeling berust op de overtuiging dat mensen fundamenteel gelijk zijn en dat dit ook goed is. Bij de verdeling van lusten en lasten, kansen en rechten wordt ieder strikt gelijk behandeld.

Voorbeelden van toepassing van dit principe zijn:
- Bij de verdeling van de taart krijgt ieder een even groot stuk.
- Een klas bepaalt door loting wie groepsvertegenwoordiger wordt.

Verdelingskwesties zijn soms echter gecompliceerder dan ze op het eerste gezicht lijken bij de toepassing van dit verdelingsprincipe. In de twee genoemde situaties kunnen zich bijvoorbeeld de volgende problemen voordoen: Bij de verdeling van de taart hebben enkele mensen grote trek, terwijl anderen net hebben gegeten. En in het tweede voorbeeld kunnen sommige studenten zichzelf helemaal niet geschikt achten om groepsvertegenwoordiger te zijn.

In deze twee situaties doet de strikt gelijke verdeling geen recht aan de ongelijkheid tussen betrokkenen. De hongerige verjaardagsgasten hebben nog steeds honger. Misschien is de ongelijkheid zelfs nog toegenomen. Het probleem zit dan ook in de visie op de bestaande situatie. De mensen zijn wel gelijkwaardig, maar meestal zijn ze niet gelijk in talenten, kennis, eetlust, enzovoort. Het kan rechtvaardig zijn om juist met deze ongelijkheid rekening te houden.

TIP
Maak geen onderscheid tussen verantwoordelijk zijn en je verantwoordelijk voelen.

In sommige gevallen wordt deze ongelijkheid in de (start)situatie van mensen onwenselijk gevonden en wil men hierin verandering aanbrengen. Hiervoor past men dan een *tijdelijk ongelijke verdeling* toe, met het doel gelijkheid te bevorderen. Een rechtvaardige verdeling is dan die ongelijke verdeling die op termijn het meest de gelijkheid tot resultaat heeft. Pas wanneer de ongelijkheden van de beginsituatie zijn rechtgetrokken, kan een strikt gelijke verdeling worden toegepast.

Tijdelijk ongelijke verdeling

Dit inhoudelijke principe van rechtvaardige verdeling ligt vaak ten grondslag aan pleidooien voor *positieve actie*. Zo treft men vaak in personeelsadvertenties aan 'bij gelijke geschiktheid geven wij de voorkeur aan iemand uit een minderheidsgroepering'. Hiermee geeft een organisatie aan dat men graag een meer gelijke verdeling van medewerkers over verschillende bevolkingsgroepen wil bereiken. Als die situatie bereikt is, stopt men met de positieve actie.

Positieve actie

Het ongelijkheidsprincipe van verdeling

De ongelijkheid van mensen kan echter ook van dien aard zijn dat je zaken echt ongelijk wilt verdelen. Je gebruikt dan principes van *ongelijke verdeling*. Dit kan op vier manieren:

Ongelijke verdeling

1 verdeling naar verworven rechten
2 verdeling naar verdienste
3 verdeling naar behoefte
4 verdeling naar draagkracht

Ad 1 Verdeling naar verworven rechten

Verworven rechten

Het kan zijn dat er afspraken zijn gemaakt op grond waarvan mensen ergens recht op hebben. Het gaat bij een ongelijke verdeling naar *verworven rechten* om bijzondere aanspraken bij de verdeling van lusten, lasten en kansen. Deze aanspraken kunnen wel, maar hoeven niet wettelijk te zijn vastgelegd. Een voorbeeld van een verworven recht is het recht op extra studietijd voor studenten wier stage is afgebroken tijdens de coronacrisis. Op dit recht kunnen alle studenten die het betreft aanspraak maken.

Ad 2 Verdeling naar verdienste

Verdienste

Mensen verschillen in prestatie die ze leveren en daarom wil je ze ongelijk zaken toebedelen. De *verdienste* of prestatie van iemand op een bepaald terrein, levert een redelijke claim op bij een verdeling. Wie grotere prestaties heeft geleverd, wordt beter beloond. Mensen zijn dus ongelijk in de zin dat sommigen in staat zijn om betere prestaties te leveren dan anderen en daarom beter beloond worden. Vaak wordt het dragen van verantwoordelijkheid ook gezien als een prestatie. De mensen hoger in de hiërarchie van de organisatie verdienen om die reden meer. Dit gebruik van het principe 'verdeling naar verdienste' is algemeen aanvaard en komt veel voor.

TIP
Niet elke ongelijkheid is onrechtvaardig.

Ad 3 Verdeling naar behoefte

Behoeften

Mensen verschillen in behoeften die ze hebben, en daarom wil je zaken soms ongelijk toebedelen. Bij het principe 'verdeling naar behoefte' staat in eerste instantie de mens als ontvanger centraal; sommige mensen ontvangen meer dan andere om in hun *behoeften* te voorzien. Een voorbeeld is de kinderbijslag. In Nederland heeft iedere ouder recht op kinderbijslag omdat ouders extra uitgaven moeten doen voor hun kinderen. Door sommigen wordt zelfs gepleit voor inkomensafhankelijke kinderbijslag, omdat de behoefte aan dergelijke financiële steun bij mensen met lage inkomens groter is dan bij mensen met een hoger inkomen.

Ad 4 Verdeling naar draagkracht

Draagkracht

Bij de ongelijke verdelingen hebben we tot nu toe lusten en gunsten verdeeld. Maar hoe zit het als er lasten verdeeld moeten worden? Hoe 'verdeel' je belasting of overuren? Welnu, je kunt lasten volgens dezelfde principes verdelen als lusten. Soms wordt een strikt gelijke verdeling gehanteerd, bijvoorbeeld een afdeling die overuren moet maken om een productiedoel te realiseren. In zo'n situatie wordt er vaak voor gekozen om 'met zijn allen' over te werken. Veel vaker worden lasten verdeeld naar *draagkracht*. De sterkste schouders dragen dan de zwaarste lasten. Het Nederlandse belastingstelsel is op die wijze ingericht.

REFLECTIEVRAAG

4.7 Een student kopieert dit boek zodat Noordhoff Uitgevers geen omzet krijgt en de auteur geen copyrights. In welk opzicht heeft dit te maken met rechtvaardigheid? Leg uit.

Wie mag meebeslissen?

RECHTVAARDIGE VERDELING ÉN PROCEDURE

4

Tot nu toe is aandacht besteed aan principes van rechtvaardige behandeling en van rechtvaardige verdeling. Hiermee is nog niet elke betekenis van rechtvaardigheid besproken. Soms schuilt rechtvaardigheid in het toepassen van de juiste procedures om tot beslissingen te komen.

Rechtvaardige procedure

Een rechtvaardige procedure wil zeggen een procedure waarin op een goede wijze een besluit tot stand is gekomen. De rechtvaardigheid zegt niets over de inhoud van het besluit, het gaat alleen over de wijze waarop is besloten. De manier waarop wordt besloten kan in twee aspecten variëren:
1 Heeft iedereen inspraak die inspraak behoort te hebben?
2 Is de juiste informatie gebruikt?

Ad 1 Heeft iedereen inspraak die inspraak behoort te hebben?
Wie inspraak heeft in een besluit hangt af van grondrechten, specifieke rechten en morele verwachtingen. In veel gezinnen bijvoorbeeld is het gebruikelijk dat jarige kinderen mogen bepalen wat er die dag gegeten wordt. Dit is een morele verwachting, een moreel recht, kun je zeggen. Afwijken van deze procedure is onrechtvaardig, ongeacht de beslissing die er valt. Als Anja op haar verjaardag altijd poffertjes wil eten, dan kun je niet zonder haar te vragen alvast poffertjes gaan bakken. De procedure is immers dat de jarige mag beslissen.

Democratische procedure

Soms mag iedereen meepraten. Dit heet dan een democratische procedure. Het kan echter ook juist heel rechtvaardig zijn om belanghebbenden juist géén inspraak in de beslissing te geven. Een leerkracht die werkt op de school waar zijn of haar kinderen ook naar toe gaan, spreekt waarschijnlijk niet mee in de rapportenvergadering waar deze leerlingen besproken worden. Dat is logisch.

Ad 2 Is de juiste informatie gebruikt?
In rechtszaken mag alleen 'wettig bewijs' gebruikt worden. Dat wil zeggen dat een verdachte alleen veroordeeld mag worden als het bewijs op de juiste wijze is verkregen. Is dit niet het geval, dan gaat de verdachte vrijuit, ook al is het bewijs waar. Dit voorbeeld geeft aan dat informatie uit de juiste bron moet komen en dat het anders niet geldig is.

Bij sollicitatieprocedures bijvoorbeeld, is men erg precies in procedures teneinde alle sollicitanten gelijke kansen te geven. Zo hoedt men ervoor dat leden van de sollicitatiecommissie contact hebben met sollicitanten. Soms is de procedure zo dat er een mogelijkheid is om per e-mail vragen te stellen over de vacature. Het antwoord op een vraag van een van de sollicitanten wordt dan aan alle sollicitanten beschikbaar gesteld. Zodat ze allen over dezelfde informatie beschikken. Dit zijn voorbeelden van rechtvaardige procedures. Het is zaak om die procedures te kiezen die passen bij de principes 'rechtvaardige verdeling en behandeling'. In het geval van de sollicitatie is dit bijvoorbeeld dat iedereen gelijke kansen heeft en gelijk behandeld wordt. Hieruit volgt dan de eis dat ook iedereen dezelfde informatie behoort te hebben.

In figuur 4.2 is de inhoud van dit hoofdstuk schematisch weergegeven.

FIGUUR 4.2 Verschillende aspecten van rechtvaardigheid

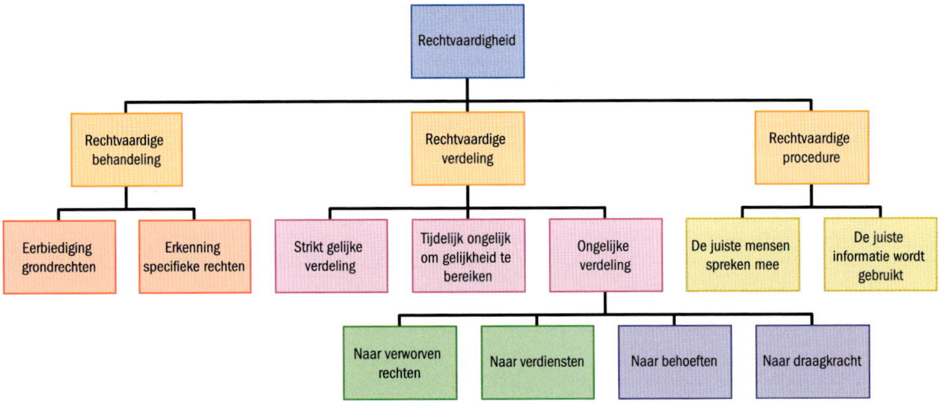

REFLECTIEVRAAG
4.8 Wat was bij jullie thuis de procedure om te beslissen waar de vakantie heen zou gaan?

Samenvatting

Het woord rechtvaardigheid kan in drie betekenissen gebruikt worden:

- Het kan slaan op de behandeling van mensen; of ze gelijk worden behandeld.
- Het kan slaan op verdeling van lusten en lasten; of iedereen het zijne krijgt.
- Het kan slaan op procedures; of de juiste mensen op basis van de juiste informatie hebben besloten.

Rechtvaardige behandeling bestaat in:

- een erkenning van grondrechten
- een erkenning van specifieke rechten van mensen

Rechtvaardige verdelingen kunnen inhouden:

- strikt gelijke verdelingen
- tijdelijk ongelijke verdelingen met als doel meer gelijkheid te realiseren
- een ongelijke verdeling

Zo'n ongelijke verdeling kan dan gebaseerd zijn op een verdeling naar:

- verworven rechten
- verdiensten
- behoeften van mensen
- draagkracht van mensen

'Wat verdien je?'

Schrijf niet toe

aan boos-

aardigheid

wat je door

domheid kunt

verklaren.

5 Zelfbeschikking en autonomie: ethiek voor de Ander

Wat was je laatste keuze?
Wat heb je niet gedaan?
Wie helpt jou?
Wat belemmert jouw vrijheid?
Accepteer je die belemmeringen of gebruik je ze als excuus?
Wanneer heb je een ander geholpen vrijheid te realiseren?

In dit hoofdstuk staan de waarden *zelfbeschikking* en *autonomie* centraal. Dit zijn typisch 'hoerawoorden'; iedereen is er voor. Maar waarover precies is iedereen zo enthousiast? We beginnen met het bespreken van vrijheid in paragraaf 5.1 en daarna zal in paragraaf 5.2 en 5.3 blijken dat zelfbeschikking en autonomie twee bijzondere vormen van vrijheid zijn. We eindigen ons onderzoek bij absolute vrijheid.

5.1 Vrijheid: dat mag je zelf weten

Wat is vrijheid? Wat is zelfbeschikking? Voor veel mensen hebben deze begrippen te maken met het naar eigen goeddunken inrichten van het leven, met onafhankelijkheid, of met het vrij zijn van de bemoeienis van anderen. Je mag het zelf weten! Maar wát mag je allemaal zelf weten? Hierop zijn verschillende antwoorden mogelijk.

Vrijheid betekent dat je niet wordt gehinderd in het kiezen van je eigen leven. Het betekent dat niemand zich met jou bemoeit. Het is een moreel woord, dus het heeft een voorschrijvende betekenis. Vrijheid betekent dat anderen zich niet met je *mogen* bemoeien. Dat dit niet mag, is vaak vastgelegd in wetten. Dit betekent dat veel vrijheden beschermd worden door wetten.

Vrijheid

Vrijheid is het recht om zelf over je leven te beschikken zonder bemoeienis van anderen.

Vrijheid is een centrale waarde in onze moderne samenleving. Het belang ervan kan niet overschat worden. De waarde vrijheid ligt ten grondslag aan veel politieke, economische en juridische keuzes die we in onze samenleving maken. Maar de mate waarin vrijheid belangrijk wordt gevonden, verschilt in culturen en landen over de wereld. Zo wordt vrijheid in Amerika zo belangrijk gevonden dat bijvoorbeeld een wettelijke verplichting om autogordels te dragen, een verplichting die jaarlijks aantoonbaar duizenden levens redt, niet geaccepteerd wordt. Zo'n verplichting is in Amerikaanse ogen een aantasting van de individuele vrijheid van elke Amerikaan! Vanuit Europa kijken we toch wel vreemd aan tegen zo'n standpunt. Hiertegenover staat dat in veel Aziatische landen individuele vrijheid minder belangrijk is en deugden als gemeenschapszin en aanpassingsvermogen weer belangrijker zijn. De mate waarin in Nederland studenten vrij zijn om vragen te stellen en hun mening te geven, wordt in andere landen dan weer raar gevonden.

In het buitenland wordt de manier waarop Nederlanders vrij hun mening geven, vaak brutaal of ongemanierd gevonden.

Grenzen aan vrijheid
Maar betekent deze centrale waarde vrijheid dan dat je alles zelf mag weten? Is er dan geen grens aan vrijheid? Jawel. Je vrijheid wordt begrensd op het moment dat je een ander schade toebrengt. Dus, iedereen heeft vrijheid van meningsuiting. Maar als je racistisch bent, of discriminerend in je taal, dan is dat verboden. Aan anderen wordt immers schade toegebracht. Je vrijheid wordt ingeperkt door het verbod anderen schade toe te brengen. Deze inperking van ieders vrijheid noemen we het schadebeginsel.

Schadebeginsel

> Als een handeling duidelijk schade aan een ander toebrengt, is deze handeling moreel slecht en afkeurenswaardig. Dit uitgangspunt voor recht en moraal noemen we het schadebeginsel.

Het schadebeginsel is reden om wetten te maken die sommige vrijheden inperken. De wetten die vrijheden inperken, beschermen dus de vrijheid van anderen. In deze paragraaf onderzoeken we hoe deze bescherming werkt. Het zal blijken dat afhankelijk van hoe een vrijheid beschermd wordt, we twee verschillende soorten vrijheden onderscheiden.

5

REFLECTIEVRAGEN
5.1 Hoe vaak heb jij het afgelopen uur op je smartphone gekeken?
5.2 Hoe vrij ben jij om je smartphone een dag thuis te laten?

Verschillende soorten vrijheid
Vrijheid is een morele waarde die inhoudt dat mensen zelf over hun leven moeten kunnen beschikken. Om voor ieder individu vrijheid te realiseren is het nodig een systeem van rechten en plichten voor iedereen in te stellen. Hoe zien deze wetten eruit en welke vrijheden beschermen ze precies?

Schade aan een ander begrenst jouw vrijheid.

De vrijheid om te doen en te laten wat je wilt, bestaat eruit dat anderen je niet mogen hinderen in het uitoefenen van deze vrijheid. Als jij bijvoorbeeld 's avonds een café wilt binnengaan, mag een ander jou niet de toegang beletten. Of wanneer je naar het buitenland wilt vertrekken en je hebt geldige papieren, dan mogen de autoriteiten je aan de grens niet tegenhouden. Niemand mag anderen hinderen te gaan en te staan waar zij willen, of beletten hun mening te verkondigen of hun godsdienst uit te oefenen.
Al deze vrijheden zijn voorbeelden van vrijheid van bemoeienis van een ander. Een ander mag zich niet met jou bemoeien. We noemen dit soort vrijheid waarbij een ander iets *niet* moet doen *negatieve vrijheid*. Negatief omdat anderen iets niet moeten doen om jouw vrijheid te realiseren. Negatieve vrijheid is van wezenlijk belang voor een goed leven. Het betekent dat anderen je niet mogen belemmeren jouw eigen keuzes te maken en je eigen leven te leiden. Negatieve vrijheid wordt ook wel vrijheid van genoemd omdat je vrij bent van bemoeienis van een ander.

Vrijheid van

Negatieve vrijheid

> *Negatieve vrijheid* is het achterwege blijven van bemoeienis van een ander met je leven.

Klassieke vrijheidsrechten

Sommige vrijheden zijn inhoudelijk zo belangrijk dat ze door rechten worden beschermd. De rechten die *negatieve vrijheid* beschermen, worden *klassieke vrijheidsrechten* genoemd. We noemen ze 'klassieke' rechten omdat het de eerste rechten waren waarvoor sociaal gestreden werd, in de Franse revolutie en in de Amerikaanse onafhankelijkheidsoorlog. Enkele voorbeelden van klassieke vrijheidsrechten zijn het recht op vrijheid van meningsuiting, het recht op vrijheid van vergadering en het recht op privacy.

'Die Gedanken sind frei.'

— Duits spreekwoord

Vrijheid van

Vrijheid tot

Deze *negatieve vrijheid* is heel mooi, maar soms is het niet genoeg. Je kunt wel tegen een burger zeggen dat deze geen beperkingen heeft om te reizen, maar hier kun je pas echt iets mee als de overheid je een geldig en veilig paspoort verschaft waarmee je ook de grens over kunt. En ook openbaar vervoer en een goed wegennet zijn zaken die je nodig hebt om te kunnen reizen. Alleen de overheid kan hiervoor zorgen. Dus vrijheid van bemoeienis van anderen is belangrijk, maar soms is het ook belangrijk dat bijvoorbeeld een overheid hard aan het werk gaat zodat jij de vrijheid kunt realiseren. We noemen vrijheden die we alleen kunnen realiseren met behulp van ondersteuning door een overheid, *positieve vrijheid*. Positief omdat een ander juist *wel* iets moet doen. Positieve vrijheid wordt ook wel vrijheid tot genoemd omdat je vrij bent tot het realiseren van dingen.

Positieve vrijheid

> *Positieve vrijheid* betekent dat een ander, vaak een overheid, middelen verschaft, het mogelijk maakt, dat mensen specifieke vormen van hun *negatieve vrijheid* kunnen realiseren, waartoe ze zonder hulp niet in staat zijn.

Positieve vrijheid wil zeggen dat iemand anders, vaak de gemeenschap, een overheid, de verplichting heeft een bijdrage te leveren om ieders vrijheid te helpen realiseren. Een bijzonder voorbeeld hiervan is de vrijheid van onderwijs. De vrijheid om zelf, naar eigen goeddunken een school te mogen stichten en onderwijs te geven, wordt zo belangrijk gevonden in Nederland dat de overheid de financiering ervan garandeert in de grondwet. In Nederland mag iedereen een organisatie opzetten die onderwijs verzorgt. Als zo'n organisatie dan aan een aantal redelijke eisen voldoet zoals een minimaal aantal leerlingen en dat het onderwijs wel goed is, dan garandeert de Grondwet dat dit bijzonder onderwijs '*naar dezelfde maatstaf als het openbaar onderwijs uit de openbare kas [wordt] bekostigd.*' (artikel 23 lid 6). In de ons omringende landen heeft men ook de vrijheid om een school te stichten, dat is niet verboden, maar de overheid financiert het niet. Dat mag je mooi zelf doen. Vrijheid van onderwijs is in het buitenland vaak een *negatieve vrijheid*, en in Nederland een *positieve vrijheid*.

Ook voor *positieve vrijheid* geldt dat deze door rechten wordt beschermd. Deze rechten worden *sociale rechten* genoemd. Hierbij hebben andere mensen, meestal de overheid, de plicht om juist wél iets te doen, namelijk om door het leveren van een bijdrage de vrijheid van de ander te helpen realiseren. Enkele voorbeelden van sociale rechten zijn het recht op ziekenzorg, het recht op onderwijs en het recht op een minimuminkomen. **Sociale rechten**

Het grote probleem bij sociale rechten is de afdwingbaarheid ervan. Het realiseren van vrijheidsrechten kost anderen geen extra inspanning, ze hoeven alleen iets na te laten. Het realiseren van sociale rechten vraagt echter veel meer. Het is dan ook niet vanzelfsprekend dat, ook al heeft in principe ieder mens een aantal sociale rechten, deze ook automatisch gerealiseerd worden. Veel is afhankelijk van het land waarin men woont. Zo hebben zwarte burgers in Amerika al vijftig jaar dezelfde rechten als blanken (= negatieve vrijheid), maar het is pas in deze eeuw dat het een zwarte burger lukte om gekozen te worden tot president van het land. De grote sprong van negatieve vrijheid naar positieve vrijheid, verwoordde Barack Obama in zijn verkiezingsslogan.

> 'Yes we can!'
>
> — Barack Obama

Uit de voorbeelden in deze paragraaf blijkt dat *negatieve vrijheid* en *positieve vrijheid* niet los van elkaar gezien kunnen worden. Mensen hebben pas vrijheid als er een bepaalde verhouding tussen beide vormen van vrijheid is gevonden. De voorbeelden laten zien dat er verschillende opvattingen bestaan over wat de juiste verhouding is en dat er dus verschillend wordt gedacht over wat een goede maatschappij is. Immers, een goede maatschappij zonder vrijheid is ondenkbaar. In de volgende paragraaf onderzoeken we hoe deze rechten en plichten onze vrijheid creëren. Deze rechten en plichten kunnen zowel in de vorm van wetten verschijnen als in de vorm van moraal.

REFLECTIEVRAGEN

5.3 Je gaat deze week wellicht nog sporten. Welke vrijheden worden door de sportvereniging voor jou mogelijk gemaakt? Omschrijf ze heel precies.

5.4 Wellicht ben je ook actief binnen de vereniging. Welke vrijheden maak jij mede mogelijk voor andere leden?

5.2 Zelfbeschikking: dat kun je zelf weten

Het onderscheid tussen *negatieve vrijheid* en *positieve vrijheid* maakt duidelijk dat het in goed menselijk samenleven vaak neerkomt op een juiste balans tussen een ander ruimte geven (negatieve vrijheid) en een ander ondersteunen (positieve vrijheid). Een werkterrein waar deze balans dagelijks wordt opgemaakt is de zorg en hulpverlening. En het woord dat we nodig hebben om deze balans te begrijpen, is zelfbeschikking.

Zelfbeschikking

Zelfbeschikking is een begrip dat centraal staat in de ethiek van de zorg en hulpverlening. Het belang van zelfbeschikking wordt duidelijk als je begrijpt dat cliënten en patiënten in de zorg altijd in zekere mate afhankelijk zijn van hulpverleners. Als je in de tandartsstoel ligt, ben je overgeleverd aan de hulp en inspanningen van de tandarts. Het heeft weinig zin om dan te zeggen dat je 'vrij bent om op te staan uit de tandartsstoel'. Dat is geen reële keuze! Hulpbehoevenden zijn door hun zorgvraag altijd in zekere mate afhankelijk, en dat beperkt hun vrijheid. Om in deze situatie van afhankelijkheid een moreel te rechtvaardigen beslissing te nemen, hebben we een nieuw begrip nodig, een begrip dat preciezer uitdrukt dat een zorgvrager weliswaar de hulpverlener nodig heeft, maar toch zelf beslist, voor zover dat mogelijk is. We drukken dit morele inzicht uit met het begrip zelfbeschikking.

Afhankelijkheid

Zelfbeschikking

> Zelfbeschikking is het recht zelf te beslissen wat er met jou gebeurt in een situatie waarin je voor de uitvoering afhankelijk bent van anderen.

Zelfbeschikking is een nadere, meer specifieke invulling van vrijheid. Het begrip vrijheid gaat erover dat anderen zich niet met jou mogen bemoeien (negatieve vrijheid), of dat anderen je moeten helpen je keuzes te realiseren (positieve vrijheid), maar je moet het nog wel zelf doen. Bij zelfbeschikking gaat het erom dat jij alleen de koers bepaalt en dat anderen dat voor je uitvoeren. Als je patiënt ben in een ziekenhuis, wordt er veel voor en met je gedaan, maar op belangrijke momenten bepaal jij wat er gebeurt. Vrijheid is 'een vogel in de lucht', deze kan overal heen gaan. Zelfbeschikking is 'de auto op de weg'. Je bent afhankelijk van een goed werkende techniek en je moet op de wegen blijven rijden, maar je bepaalt wel waar je heen gaat. Jij zit achter het stuur. Praktisch gezien betekent zelfbeschikking dat cliënten en patiënten altijd met een behandeling moeten instemmen.

Vrijheid is als het vliegen van een vogel, zelfbeschikking als het besturen van een auto.

Net als vrijheid wordt ook zelfbeschikking beschermd door rechten. Zo heeft een hulpvrager in de zorg recht op informatie en op inzage in het eigen dossier, recht om toestemming te geven, en recht op privacy tijdens een behandeling, recht op vrije keuze van hulpverlener en een recht om klachten in te dienen. De meeste van deze rechten zijn in wetten vastgelegd. Vanzelfsprekend kunnen deze rechten in noodsituaties sneuvelen. Aan een verkeerslachtoffer met een slagaderlijke bloeding kun je geen instemming vragen.

Grenzen aan zelfbeschikking

Zijn er grenzen aan zelfbeschikking? Is er een moment waarop iemand niet meer zelf mag beslissen wat er met hem of haar gaat gebeuren? Net als bij vrijheid kunnen we de grens van zelfbeschikking bedenken.

Het schadebeginsel dat vrijheid begrenst, volstaat bij zelfbeschikking niet, want schade aan anderen is meestal niet aan de orde. Toch is er een grens denkbaar waar het recht om zelf te mogen beslissen over jezelf ophoudt. Dit is als andere mensen in redelijkheid beter weten wat goed voor je is. Dit is aan de hand bijvoorbeeld bij kinderen die immers nog niet de gevolgen van hun gedrag overzien. Kinderen mogen nog niet zelf beslissen over wat er met hen gebeurt. Er wordt, bijvoorbeeld, voor ze besloten dat de amandelen geknipt moeten worden als ze vier jaar oud zijn. Hier kan meteen aan toegevoegd worden dat aan veertienjarigen al wel instemming wordt gevraagd over medisch ingrijpen. Naast de ouders moet dan ook het kind instemmen. De inbreng van de ouders neemt geleidelijk af en na je achttiende verjaardag ben je helemaal alleen de baas over jezelf. Je bent dan volwassen, juridisch althans. Een ander voorbeeld van een situatie waarin anderen beter weten wat goed voor je is, is de situatie van mensen met mentale beperkingen zoals zwakzinnigen of mensen met een psychose. We noemen de situatie en het gedrag dat iemand anders beter weet wat goed voor je is: *paternalisme*. Het woord paternalisme is afgeleid van het Latijnse woord voor vader (=pater). Paternalisme is dus letterlijk 'vaderlijk gedrag'. Je gedragen als een opvoeder.

Paternalisme

> Paternalisme betekent dat iemand anders beter weet wat goed voor je is en daar beslissend naar handelt.

Het woord paternalisme heeft voor veel mensen een negatieve betekenis. Deze mensen vinden het fout als je paternalistisch bent, want je neemt iets over van mensen waar ze zelf over mogen beschikken, namelijk hun zelfbeschikking. Dus, paternalisme is fout. Dit standpunt is begrijpelijk, want het erkennen en beschermen van de zelfbeschikking is heel belangrijk. Toch gebruiken we dit woord om duidelijk te maken dat soms in specifieke situaties er een morele keuze gemaakt kan worden waarin de zelfbeschikking van een ander beperkt wordt, en dat dit moreel te rechtvaardigen is.

Paternalisme kan goed zijn.

Dat die situatie reëel is, moge duidelijk zijn. Niemand vindt het redelijk om een vierjarig kind met een mes te laten spelen 'omdat ze zo lief bezig is'. Niemand vindt het goed dat een oudere met dementie een pot mayonaise leegeet 'omdat hij daar zin in heeft'. Dit soort zaken toestaan met een beroep op zelfbeschikking is duidelijk immoreel. In zulk soort situaties wordt de zelfbeschikking van deze mensen ingeperkt door anderen, in deze voorbeelden de opvoeder en de verzorger.

Deze voorbeelden maken het begrip paternalisme duidelijk, maar het zijn extreme voorbeelden. Ze zijn te simpel vergeleken met de werkelijkheid. Er zijn veel situaties waarin de keuze niet zo eenvoudig ligt. Bijvoorbeeld als een man van 78 met dementie na een gelukkig huwelijk van 53 jaar in een zorginstelling wordt opgenomen en daar een relatie aanknoopt met een andere bewoner, terwijl de echtgenote dagelijks op bezoek komt. Moet je dit toestaan met een beroep op zelfbeschikking, of is sturend ingrijpen door verzorgend personeel hier geboden? Of een autoverkoper die tegen een

collega zegt '*Ik verkoop veel te dure auto's met te hoge leningen aan mensen die de auto niet nodig hebben en de lening niet kunnen betalen, alleen dit snappen ze zelf niet.*' Moet zo'n autoverkoper niet meer rekening houden met wat goed is voor de klanten?
De beslissing in dit soort vragen is een afweging tussen zelfbeschikking en paternalisme. De relevante argumenten zijn afhankelijk van de echte situatie ter plekke. Hoe zwaar moeten deze argumenten in deze situatie wegen? Dit vergt een bereidheid en vaardigheid van de professional om de argumenten zorgvuldig en oprecht te wegen.

De neurowetenschap zal de menselijke vrijheid nooit vinden omdat ze op de verkeerde plek zoekt.

Belangen

Daar komt nog bij dat degene die beslist ook vaak belang heeft bij een bepaalde beslissing. Dat is in het voorbeeld van de autoverkoper heel duidelijk. Te veel paternalisme doet de verkopen dalen. Maar ook zorgverleners zitten vaak in zo'n situatie. Neem de situatie van een patiënt met keelkanker die moeizaam eet. Sondevoeding zou medisch gezien beter zijn, maar dat wil de patiënt niet en het helpen met eten neemt veel tijd. Hoeveel respect voor de zelfbeschikking van de patiënt is geboden? Hoeveel extra werk mag de zelfbeschikking van de patiënt kosten?

REFLECTIEVRAAG

5.5 Heb je weleens iemand ergens mee geholpen waarvan je zelf vond dat die persoon het niet zou moeten doen?

Moreel oordeelsvermogen

Informatieplicht

Het mag duidelijk zijn dat deze dagelijkse praktijk van professionals een beroep doet op hun moreel oordeelsvermogen en hun ambitie deze te gebruiken. De afhankelijkheid van de zorgvrager en de belangen van de zorgverlener brengen morele eisen met zich mee. Zo hebben een zorgverlener en een autoverkoper beide een informatieplicht om de ander volledig en in begrijpelijke taal te informeren over de te ondernemen stappen. Deze informatieplicht is vastgelegd in wetten, maar daarmee niet eenduidig en eenvoudig. In de toepassing moet de professional morele kwaliteiten laten zien. In hoofdstuk 6 bespreken we de integriteit van de professional en leren we hoe deze in de praktijk te realiseren. Is hiermee alles gezegd over vrijheid? Nee. Er is nog een derde begrip dat nodig is om vrijheid te begrijpen.

TIP
Gebruik nooit de bcc-optie bij e-mails.

5.3 Autonomie: dat moet je zelf weten

De definitie van zelfbeschikking maakt duidelijk dat het gaat over dat jij beslist. Wát je beslist, maakt niet uit. In de vorige paragraaf wordt niets gezegd over of jouw beslissing goed is of niet. Daar gaat zelfbeschikking niet over. Het recht op zelfbeschikking zegt alleen dat de cliënt zelf mag beslissen, ongeacht de uitkomst. Dit roept de vraag op: zijn alle keuzes die je in je zelfbeschikking maakt altijd goed? Kun je kritiek uitoefenen op de inhoud van morele keuzes? Om deze vragen te beantwoorden hebben we nog een nieuw begrip nodig: autonomie. We bespreken het in deze paragraaf.

Om autonomie te begrijpen, is het nodig om eerst te bespreken waarom het begrip is uitgevonden. Voor welk probleem is autonomie een oplossing? Om deze vraag te beantwoorden gaan we terug naar paragraaf 2.4 waar we over de verschillende soorten morele argumenten spraken; de normen, waarden en deugden, en de ethische theorieën die hierop zijn gebaseerd. De plichtethiek, die op normen gebaseerd is, is de thuishaven van het begrip autonomie. De bedenker van de plichtethiek, Immanuel Kant, introduceerde het woord autonomie om uit te leggen op welke manier mensen vrij zijn in hun morele keuzes. Dit behoeft enige toelichting.

'Hier sta ik, ik kan niet anders.'

— Maarten Luther

Neem het volgende voorbeeld. Je bent in een bespreking en het agendapunt blijft maar hangen. Het is moeilijk om een knoop door te hakken. Het komt dan wel voor dat iemand zegt '*We moeten gewoon doen wat het best is.*' Met zo'n uitspraak wordt dan bedoeld dat nauwkeurig uitgezocht moet worden wat het beste is, hoe je dat optimaal bereikt en dat moet je dan gaan doen. Dit klinkt logisch, maar er is een probleem als het vraagstuk dat ter discussie staat een moreel aspect heeft. (En als er langer over gediscussieerd wordt is dat meestal het geval.)

In hoofdstuk 1 hebben we gezien dat het kennen iets anders is dan moreel oordelen. Feitenkennis is niet voldoende om tot een moreel oordeel te komen. Er is meer nodig. Er is een ander soort denken nodig. Kant onderscheidde twee vormen van denken: heteronoom en autonoom denken.

Heteronome kennis

Kant noemde denken over de buitenwereld alsof die onafhankelijk van je is, heteronoom denken en de kennis die het oplevert *heteronome kennis*. Dit woord is afgeleid van het Griekse woord héteros dat 'ander' betekent. Heteronome kennis is objectief. Het is het resultaat van wetenschappelijke studie.

Heteronome kennis is heel belangrijk, dat wist Kant in zijn tijd ook wel. Het kan ons helpen allerlei grote problemen op te lossen en ziekten te bestrijden. De kracht van deze kennis, dat hij objectief is, is tegelijk zijn zwakte. Als kennis onafhankelijk is van de mens, dan wordt de mens ook niets meer dan een neutraal uitvoerder van de wetten van de natuur. Als het waar is dat anderhalve meter afstand de verspreiding van het coronavirus tegengaat, dan heb je daarna ook geen keus meer. Dan moet je afstand houden! In het toepassen van heteronome, objectieve, kennis verdwijnt de persoon die het toepast. Het maakt niet uit wie de juiste conclusie trekt. Als het waar is, is het waar.

In objectieve kennis verdwijnt de mens. In normatieve kennis komt hij tevoorschijn.

Kant besefte dat voor wetenschap en techniek dit heel mooi werkt, maar dat deze vorm van denken voor moraal tekortschiet. Morele conclusies kunnen niet los gezien worden van de mens die we willen zijn. Moraal is juist wat ons tot mens maakt en daarom moet morele kennis van een andere vorm zijn. Deze andere vorm ontstaat alleen als je op een andere manier over jezelf denkt. Kant legt uit dat we onszelf kunnen beschouwen als object in een zintuigelijke wereld die we via de waarneming kennen (heteronoom), maar dat we daarnáást ook over onszelf kunnen denken als een mens die zelf bedenkt wat moreel juist is door zichzelf te verbinden aan een moreel oordeel. De vorm van deze manier van denken is echter anders. Dat kun je zien bij morele uitspraken.

Autonome kennis

Morele uitspraken zijn van de vorm: 'Je helpt een zieke altijd.', 'Ik ga niet vreemd.' of 'Je liegt nooit tegen een cliënt'. Kant noemde dit soort kennis *autonome kennis* omdat het de vorm heeft van iemand die zichzelf (Grieks: *autos* = zelf) een wet stelt (Grieks: *nomos* = wet, regel). Hiervan afgeleid is het woord autonomie. Een autonoom persoon is iemand die zelfstandig en voor eigen rekening morele keuzes maakt door regels te formuleren waar hij of zij zich zelf aan houdt.

Autonomie

> Autonomie betekent zelfstandig een morele keuze maken door een norm te formuleren die voor jou doorslaggevend is, en je naar die keuze te gedragen.

Onvoorwaardelijk imperatief

Autonome keuzes zijn niet gewoon gedragskeuzes. Het zijn morele keuzes. Dus moeten ze voldoen aan de kenmerken van morele uitspraken uit paragraaf 1.1. Dit betekent dat ze gericht zijn op het goede, en veralgemeniseerbaar moeten zijn. Maar bovenal zijn autonome keuzes normatief; ze schrijven voor wat er moet gebeuren. Autonome keuzes zijn dus altijd van de vorm 'Je mag niet ...', 'Je behoort hier ...'. Ze zijn nooit van de vorm 'Als ... dan ...'. Het zijn altijd onvoorwaardelijke imperatieven hetgeen betekent dat ze beschrijven wat er *moet* gebeuren (imperatief) zonder dat er een voorwaarde ('Als ...') aan vooraf gaat.

Het wordt nu duidelijk dat autonomie een bijzondere vorm van vrijheid is. Het is een vrijheid waarbij je jezelf grenzen stelt, waarbij je jezelf een regel oplegt. De essentie van autonomie is dat je je morele keuzes zelf maakt, en voor een rechtvaardiging niet verwijst naar iets buiten je, zoals bij heteronome kennis. Ook wordt duidelijk wat het verschil is tussen zelfbeschikking en autonomie. Zelfbeschikking is, zelf kiezen, ongeacht wat je kiest. Autonomie is een morele keuze voor je rekening nemen. Autonome keuzes hebben morele inhoud. In figuur 5.1 geven we een overzicht van heteronoom en autonoom denken.

FIGUUR 5.1 Heteronoom en autonoom denken

	Heteronoom denken	**Autonoom denken**
Wat doe je?	Waarheid vinden	Beslissing voor je rekening nemen
Wat levert het op?	Objectieve kennis	Moreel oordeel
Hoe gebruik je het?	Toepassen met behulp van 'Als ... dan ...'-redeneren.	Toepassen door het oordeel 'Je behoort ...' voor je rekening te nemen.
Waar sta jij?	Jij doet er niet toe. Kennis is onafhankelijk van jou.	Jij voltrekt het oordeel. Jij laat je kennen.

Grenzen aan autonomie

Kunnen we, net als bij vrijheid en zelfbeschikking, denken over een grens aan autonomie? Ja dat kan. Maar die grens heeft vanzelfsprekend wel een heel andere vorm. Essentie van autonomie is juist dat die volledig uit de individu komt, en daarmee niet in te perken is. Als je autonoom bent, zijn alle morele keuzes denkbaar, zolang ze voldoen aan de criteria van een morele uitspraak. Hoe ziet een grens aan autonomie er dan uit? We onderzoeken dit door een situatie te analyseren waarin autonome morele uitspraken botsen, en te kijken hoe deze situatie zich ontwikkeld.

5

Moralisme kan goed zijn.

Stel je voor, een collega Fred heeft een buitenechtelijke relatie met een andere collega Linda op de afdeling. De collega's op de afdeling weten van de situatie. Er is een bedrijfsuitje aanstaande waar iedereen, met partner, voor is uitgenodigd. Dit betekent dat jij en je collega's met Fred, Linda en de vrouw van Fred, Thea, aan tafel zullen zitten. Hierover voer jij een gesprek met Ahmed en Carla onder de koffie. Ahmed heeft een helder standpunt: '*Een relatie is privé, daar heb ik niks mee te maken, dus bemoei ik me er niet mee, en ik ga ook niets zeggen*'. Carla heeft een ander standpunt: '*Ik ga hierover niet liegen tegenover Thea, en ik ga er ook niet omheen draaien. Ik ben eerlijk over de belangrijke zaken in het leven. Als ik met Thea spreek, zal ik gewoon zeggen wat de situatie is. Ik heb dat trouwens ook al tegen Fred gezegd.*'

TIP
Vermijd mensen die je ontmoedigen.

Het is duidelijk dat zowel Ahmed als Carla een autonome uitspraak doen. Beider standpunt voldoet aan de kenmerken van een moreel oordeel uit paragraaf 1.1. Hoe ontwikkelt dit gesprek aan de koffietafel zich? Als Ahmed en Carla werkelijk autonoom zijn, zullen ze er beide weinig problemen mee hebben dat de ander anders oordeelt over de situatie. Maar dit betekent niet dat er geen gesprek plaatsvindt. Sterker nog, Ahmed en Carla staan beide voor hun standpunt, en verdedigen het, maar, omdat ze begrijpen dat een moreel standpunt aan de persoon gebonden is, luisteren ze goed naar de ander, proberen deze echt te begrijpen en brengen nieuwe inzichten in die ertoe doen. Het is zelfs denkbaar dat de een de ander overtuigt van zijn of haar gelijk. Ook een autonome beslissing kan zich ontwikkelen. Maar het is natuurlijk ook goed denkbaar dat het bij een gelijkspel blijft. Het resultaat in de praktijk is echter wel dat Carla gelijk *krijgt*. Ahmed kan niet voorkomen dat Carla Thea op de hoogte brengt van de affaire. Hij kan dat standpunt alleen maar respecteren. Carla op haar beurt zal wellicht nog een keer goed nadenken over Ahmed zijn redenen, en vervolgens haar eigen morele keuze volgen. Zo werkt dat bij autonome keuzes. In zekere zin legt Carla haar moraal op aan Ahmed, en vervolgens ook aan Fred, Linda en Thea. Het verschijnsel dat je een ander jouw moraal oplegt om alleen morele redenen noemen we moralisme. Het maakt de grens uit van de autonomie van de andere betrokkenen in dit voorbeeld.

Moralisme

Moralisme is het opleggen aan anderen van een morele keuze die autonoom (als onvoorwaardelijk imperatief) geformuleerd is.

Ook moralisme wordt door veel mensen negatief opgevat, net als paternalisme. Dat is op zich begrijpelijk. Het lijkt in strijd met de vrijheid om andere mensen je moraal op te leggen. Dat is op zich ook zo, maar de inhoud van het begrip autonomie brengt deze situatie met zich mee. Als je zegt dat je niet moralistisch mag zijn, zeg je eigenlijk dat je niet moreel mag zijn. Het is nu eenmaal zo dat autonome morele uitspraken het individu overstijgen, en dat hebben we te accepteren. Toch mag wel duidelijk zijn dat we terughoudend mogen zijn met onze autonome keuze. Enige voorzichtigheid in het declameren van ons moreel gelijk siert ons, en brengt het samenleven verder.

Nu we gezien hebben hoe een grens van autonomie eruitziet, kunnen we de balans van dit hoofdstuk opmaken. In figuur 5.2 staan de kenmerken van de drie begrippen op een rij.

FIGUUR 5.2 Vrijheid, zelfbeschikking en autonomie

	Ondersteuning door anderen	**Inhoudelijk begrensd door**
Vrijheid: Je mag alles zelf weten	Wetten door de overheid gehandhaafd (beschermen)	Schadebeginsel
Zelfbeschikking: Jij mag beslissen, anderen voeren uit	Informatie door de hulpverlener gegeven (faciliteren)	Paternalisme
Autonomie: Je beslist zelf en voert uit	Je eigen verstand en zelfrespect (respecteren)	Moralisme

Vrijheid en verantwoordelijkheid

We hebben uitgelegd dat moreel denken inhoudt dat je autonoom denkt. We onderscheiden autonoom denken van heteronoom denken. Autonoom denken betekent dat je een morele keuze maakt. Heteronoom denken betekent dat je objectieve kennis vergaart. Is dan kennis van de feiten helemaal niet relevant voor een morele beslissing? Natuurlijk wel. Een morele keuze is natuurlijk ook gebaseerd op kennis van de feiten. De situatie doet ertoe en de situatie kan je oordeel ook beïnvloeden. Als je in een situatie een moreel oordeel moet geven, een morele keuze moet maken, komt het eropaan om de juiste balans te vinden tussen weten hoe de situatie in elkaar zit (heteronoom denken) en een oordeel vellen (autonoom denken). We bespreken dit aan de hand van een voorbeeld.

We zijn niet verantwoordelijk omdat we vrij zijn; we zijn vrij omdat we verantwoordelijk zijn.

Laten we terug gaan naar het voorbeeld van vreemdgangers Fred en Linda en de collega's Ahmed en Carla die op de hoogte zijn. Carla had als moreel standpunt: ik houd een relatie van een collega niet geheim op het personeelsfeest. In het gesprek tussen Carla en Ahmed is het voorstelbaar dat de details van de situatie met Fred en Linda een verschil maken voor het oordeel. Heeft Linda ook een vaste relatie naast de affaire met Fred? Hebben Thea en Fred toevallig een 'open relatie' waarin seksuele contacten buiten de relatie toegestaan zijn? Hoe ziet de affaire tussen Fred en Linda eruit? Gaat het al een jaar zo of is het een eenmalig iets geweest? En hoe open zijn zij beiden over hun affaire?
Dit zijn allemaal vragen die wellicht het oordeel van Carla kunnen beïnvloeden. Maar het zijn allemaal feitelijke vragen die objectief beantwoord kunnen worden. Kortom, de feiten doen ertoe en je moet ze goed onderzoeken voordat je een moreel oordeel geeft. Je hebt heteronoom denken nodig voordat je tot een autonoom oordeel kunt komen. Het grote probleem is dat je het autonome denken niet moet laten ondersneeuwen onder het heteronome geweld. In morele gesprekken wil het nog wel eens gebeuren dat de speurtocht naar 'hoe zit de situatie precies in elkaar?' de aandacht voor het autonome oordeel helemaal wegdrukt. Dat je zo druk bent met speuren naar relevante feiten dat je niet meer toekomt aan de normatieve uitspraken. Dit is een gevaar dat elk gesprek over morele keuzes bedreigt.

De feiten doen ertoe. Je hebt heteronoom denken nodig voordat je tot een autonoom oordeel kunt komen.

Dit verschijnsel kan zich ook voordoen in de persoon zelf. Dit gebeurt als iemand zijn of haar morele oordeel omschrijft als louter een logisch gevolg van de feiten, alsof het oordeel alleen daarvan afhankelijk is. Als dit proces zo ver gaat dat zelfs de verantwoordelijkheid voor het standpunt achterwege blijft, spreken we van *kwade trouw*. **Kwade trouw**

Jezelf verontschuldigen voor een handeling, kwade trouw, betekent dat je je verantwoordelijkheid ontkent door te zeggen dat je niet vrij was in je keuze. Immers, als je niet vrij bent, dan ben je ook niet verantwoordelijk. De gedachtegang klopt, alleen het moet andersom zijn. Je bent niet verantwoordelijk omdat je vrij bent, je bent vrij omdat je verantwoordelijk bent. De ethiek gaat aan de ontologie vooraf.

Neuropsychologie

De ethiek gaat aan de ontologie vooraf
Modern neuropsychologisch onderzoek toont aan dat de mens helemaal niet vrij is, in die zin dat beslissingen in de hersenen al gemeten worden voordat we ons er bewust van zijn. Beslissingen worden in je hersenen dus al genomen voordat je 'bewust kiest' om iets te doen. De bewuste en vrije keuze komt dan later, maar was al lang in gang gezet in, en dus bepaald door, de activiteit in de hersenen. Journalisten die schrijven over neurowetenschap concluderen daaruit dat we niet werkelijk vrij zijn. 'Wij zijn ons brein', heet het dan. Dit is heteronome kennis. Het zegt niets over de morele kant van de zaak. Ook al zijn we niet vrij in de fysieke betekenis van het woord, we zijn verantwoordelijk voor wat we doen. Dat is autonome kennis. Ook al is het waar dat, bijvoorbeeld, de actie om te schieten al begonnen is in de hersenen voordat de 'beslissing' om de trekker over te halen bewust wordt genomen, dan nog houden we mensen verantwoordelijk voor hun gedrag. 'De ethiek gaat aan de ontologie vooraf', schreef de Franse filosoof Emanuel Levinas (1906-1995). De neurowetenschap zal de menselijke vrijheid nooit vinden omdat ze op de verkeerde plek zoekt.

5

REFLECTIEVRAAG

5.6 Wie is verantwoordelijk voor jouw leerproces? Wie is er verantwoordelijk voor dát je wat leert, wat je leert en dat je het tentamen haalt?

Samenvatting

Vrijheid is de morele eis dat je over je eigen leven mag beschikken. Het wordt beschermd door rechten en begrensd door het schadebeginsel.

Negatieve vrijheid (vrijheid van) is het afwezig zijn van belemmeringen en verplichtingen. Ze wordt beschermd door klassieke vrijheidsrechten.
Positieve vrijheid (vrijheid tot) is de mogelijkheid om middelen voor het realiseren van de vrijheid op te eisen. Ze wordt beschermd door sociale rechten.

In situaties waarin je afhankelijk bent, ben je niet vrij maar kun je met hulp van anderen wel zelf beschikken wat er met je gebeurt. Dit heet zelfbeschikking. Voor zelfbeschikking heb je ondersteuning van anderen nodig. Het wordt begrensd door paternalisme.
Autonomie is de invulling van vrijheid waarin je morele keuzes zelf voor je rekening neemt. Je kunt het alleen zelf beschermen. Het wordt begrensd door moralisme.

Morele keuzes kunnen niet gecreëerd worden door een zoektocht naar objectieve kennis alleen. Naast feitenkennis (heteronome kennis) is ook autonoom denken nodig. Als je je morele keuzes communiceert als een gevolg van je kennis van de feiten, functioneer je te kwader trouw. Je ontkent een verantwoordelijkheid die je niet kunt ontkennen.

‘Ben jij vrij van jezelf?’

Verantwoor-
delijkheid
neem je
individueel
op je en leg
je collectief
af.

6

Integriteit: ethiek voor de professional

Herken jij morele vragen?
Welke argumenten gebruik je dan?
Pak jij door als het moet?
Kun je je verlies nemen?
Word jij wie je bent?
Ben jij uit één stuk?

In de eerste vijf hoofdstukken hebben we uiteengezet wat je doet als je moreel oordeelt en we legden uit wat sterke argumenten zijn voor een morele keuze. Deze argumenten vatten we samen onder de noemers normen, waarden en deugden. Met deze morele argumenten kunnen we een oordeel en een gedragskeuze beter onderbouwen. Maar betekent dit dat we daarmee goede mensen zijn? Nee, want zoals Elsschot al dichtte:

> 'Tussen droom en daad staan wetten in de weg en praktische bezwaren'
>
> — Willem Elsschot, *Het Huwelijk*

Als je kunt uitleggen wat moreel goed is om te doen, heb je het daarmee nog niet gedaan! De argumenten kennen voor een verantwoorde keuze is nog geen garantie dat de morele keuze ook uitgevoerd wordt. Daarvoor is meer nodig.

In dit hoofdstuk onderzoeken we wat er nodig is om de kloof tussen het goede kennen en het goede doen te overbruggen, om van argumenten tot gedrag te komen. We noemen de ideale situatie 'integriteit'. In paragraaf 6.1 beschrijven we de sprong van morele argumenten naar moreel gedrag, vervolgens onderzoeken we de componenten van integriteit in paragraaf 6.2. In paragraaf 6.3 kijken we naar het resultaat van dit alles en geven het de naam 'normatieve professionaliteit'.

6.1 Moraal en integriteit

Wat moet er allemaal gebeuren voordat mensen moreel verantwoord gedrag gaan vertonen? We bespreken een model waarmee we weer kunnen geven wat een mens moet kunnen voordat hij of zij zich moreel kan gedragen. We noemen dit de voorwaarden voor moreel gedrag. Maar eerst zetten we deze voorwaarden uiteen aan de hand van een voorbeeld van een fragment uit een pauzegesprekje tussen twee studenten een aantal jaar geleden. Laten we de hoofdpersonen Toon en Ricardo noemen.

Toon (met stemverheffing):	'Je hebt een jaar verkering en dan maak je het uit met een sms'je? Dat doe je toch niet!'
Ricardo:	'Ja dat is primitief, I know.'
	'Maar ze heeft zo'n goedkoop abonnement, ze ontvangt geen WhatsApp als ze onderweg is....'

Ricardo 'ziet' niet waarover Toon zich druk maakt. Hij voelt niet aan dat je het niet kunt maken om een relatie die een jaar heeft geduurd, zo te beëindigen. Wat Toon wel heeft en Ricardo niet, noemen we *morele intuïtie*. We bespraken dit begrip al in paragraaf 1.1. Morele intuïtie is het besef dat er moreel iets aan de hand is, het besef dat er een moreel oordeel van je gevraagd wordt in een situatie.

Morele intuïtie

Morele intuïtie is het onberedeneerde inzicht dat een situatie een moreel oordeel van je vraagt.

Onderweg naar huis overdenkt Toon waarom hij zich zo druk maakte over het gedrag van Ricardo. Langzamerhand wordt het hem duidelijk. Thuisgekomen zet hij de *morele argumenten* op een rij. Het gaat ten eerste om respect. De waarde respect tegenover je partner verplicht je om in een echt gesprek een relatie te beëindigen. Het gaat om de norm dat je *in een relatie eerlijk behoort te zijn over je gevoelens*. En het gaat om een deugd. Die Ricardo heeft het ook gewoon niet gedurfd. Natuurlijk is het eng en moeilijk om een relatie te beëindigen, helemaal als hij een jaar heeft geduurd. Zo'n situatie wil je liever uit de weg gaan. Maar ja, wie wil je zijn: iemand die wegloopt voor moeilijke dingen in het leven, of wil je iemand zijn die moeilijkheden aandurft?

Morele argumenten

'Je gaat het pas zien als je het doorhebt.'

— Johan Cruijff

We zien in dit voorbeeld dat Toon de argumenten op een rij kan zetten. Hij weet van zichzelf waaróm hij vindt dat je een relatie van een jaar niet met een sms'je (of een appje) beëindigt.. We noemen deze vaardigheid *morele oordeelsvorming*. Morele oordeelsvorming betekent dat je in staat bent bij jezelf na te gaan wat de doorslaggevende reden is waarom je een oordeel hebt én dat je in staat bent deze morele redenen in de vorm van argumenten onder woorden te brengen.

Morele oordeelsvorming

Dat Toon de argumenten in woorden kan uitdrukken heeft twee gevolgen:

1 De kans is aanzienlijk groter dat hij er in zijn eigen leven ook naar zal handelen. Omdat Toon weet waaróm hij iets vindt, staat hij steviger in zijn schoenen.
2 Hij is beter in staat om anderen te overtuigen (al is dit in deze situatie niet zo aan de orde want Toon hoeft niemand te overtuigen).

Als iets belangrijk voor je is, doe het dan zelf.

Doordat Toon beter in staat is de morele argumenten onder woorden te brengen, is de kans groter dat hij ook naar zijn overtuiging handelt. Toon heeft meer *morele moed*. Morele moed is nodig om je overtuiging in gedrag om te zetten. Het is de karaktereigenschap die ertoe leidt dat je doorzet als het moeilijk wordt. Maar morele moed brengt ook met zich mee dat je handig bent in het aankaarten van een kwestie. Als je beter in staat bent om een moreel gesprek te voeren, durf je het ook gemakkelijker. Vaardigheid is dus een onderdeel van morele moed.

Morele moed

We hebben in dit voorbeeld drie voorwaarden voor *moreel gedrag* gezien. Het mag duidelijk zijn dat aan alle drie de voorwaarden voldaan moet zijn voordat er sprake is van moreel gedrag. We geven de voorwaarden weer in figuur 6.1.

Moreel gedrag

FIGUUR 6.1 De voorwaarden voor moreel handelen

Wat moet je kunnen	Vraag voor jezelf	Benodigde vaardigheden
Morele intuïtie (gevoel): je *beseft* dat er sprake is van een morele vraag; je realiseert je dat je antwoord hierop iets zegt over jou als persoon	Val ik gerust in slaap? Blijft de kwestie in mijn gedachten? Durf ik hiermee in de krant? Vertel ik het trots in gezelschap of houd ik het voor me?	Persoonlijk en sociaal inlevingsvermogen, ervaring
Oordeelsvorming in denken: je draagt argumenten (normen, waarden, deugden) aan ter afweging van je keuze	Wat is goed? Wat zou ik moeten doen? Met welke morele uitgangspunten wil ik rekening houden?	Redeneervermogen en kennis van ethiek en moraal
Moed in handelen: je hebt de moed en sociale vaardigheid om dat wat je goed vindt uit te voeren	Durf ik dit? Hoe realiseer ik mijn keuze (tactiek)?	Emotionele intelligentie, durf, zelfkennis en overgave

Aan alle drie de voorwaarden moet gewerkt worden, wil er sprake zijn van verbetering van de morele competentie. In de eerste vijf hoofdstukken van dit boek hebben we sterk de nadruk gelegd op de tweede component: de morele oordeelsvorming. Maar voor moreel handelen is meer nodig dan alleen het afwegen van morele argumenten. De andere twee componenten, morele intuïtie en morele moed, leer je niet door een tekst te lezen, maar door ervaringen op te doen. Door dingen uit te proberen, door keuzes te maken in het dragen van verantwoordelijkheid en geconfronteerd te worden met de gevolgen van die keuzes. Het woord dat dit omvattende idee uitdrukt van een goed mens die de juiste keuzes maakt en zich daar naar gedraagt, is *integriteit*. In de volgende paragraaf onderzoeken we het begrip integriteit, om duidelijk te maken hoe je een goed mens en een goede professional wordt.

Integriteit

6

Het Huwelijk

Toen hij bespeurde hoe de nevel van de tijd
in d'ogen van zijn vrouw de vonken uit kwam doven,
haar wangen had verweerd, haar voorhoofd had doorkloven
toen wendde hij zich af en vrat zich op van spijt.

Hij vloekte en ging te keer en trok zich bij de baard
en mat haar met de blik, maar kon niet meer begeren,
hij zag de grootse zonde in duivelsplicht verkeren
en hoe zij tot hem opkeek als een stervend paard.

Maar sterven deed zij niet, al zoog zijn helse mond
het merg uit haar gebeente, dat haar toch bleef dragen.
Zij dorst niet spreken meer, niet vragen of niet klagen,
en rilde waar zij stond, maar leefde en bleef gezond.

Hij dacht: ik sla haar dood en steek het huis in brand.
Ik moet de schimmel van mijn stramme voeten wassen
en rennen door het vuur en door het water plassen
tot bij een ander lief in enig ander land.

Maar doodslaan deed hij niet, want tussen droom en daad
staan wetten in de weg en praktische bezwaren,
en ook weemoedigheid, die niemand kan verklaren,
en die des avonds komt, wanneer men slapen gaat.

Zo gingen jaren heen. De kindren werden groot
en zagen dat de man die zij hun vader heetten,
bewegingsloos en zwijgend bij het vuur gezeten,
een godvergeten en vervaarlijke aanblik bood.

Willem Elsschot, 1910

REFLECTIEVRAGEN

6.1 Welke moed heeft de hoofdpersoon in dit gedicht van Willem Elsschot wel?

6.2 Welke moed heeft de hoofdpersoon niet?

6.3 Is de hoofdpersoon in het gedicht integer? Bespreek je antwoord met een klasgenoot.

6.2 Integriteit is een deugd

Het is in de vorige paragraaf duidelijk geworden dat het aanvoeren van morele argumenten alleen niet voldoende is om moreel verantwoord gedrag te vertonen. Het bleek dat er nog twee voorwaarden zijn voor moreel gedrag, namelijk intuïtie en lef. Maar niet elk gedrag dat uit intuïtie voortkomt en met lef wordt uitgevoerd, resulteert in een integer persoon. Daarvoor moet het gedrag ook aan morele eisen voldoen. In deze paragraaf onderzoeken we wat er nodig is om integer te zijn. Waaruit bestaat integriteit?

Integriteit bestaat uit het bewaken van je integriteit.

Een ander woord voor integriteit is *morele zelfsturing*. Hiermee bedoelen we dat mensen kritisch nadenken over hun morele verplichtingen en hun morele keuzes, dat mensen zich daarnaar gedragen en dat mensen daarop aanspreekbaar zijn. Integere mensen zijn niet alleen wie ze zijn, maar kunnen kritisch kijken naar wie ze zijn, afstand nemen van zichzelf en naar zichzelf kijken. Ze staan open voor kritiek, maar er is ook altijd ruimte voor zelfkritiek.

Morele zelfsturing

> Morele zelfsturing betekent dat je nadenkt vanuit een moreel gezichtspunt over wat je doet en dat je je daarnaar gedraagt.

Aan je gedrag kunnen mensen je morele oordeel aflezen. Je bent moreel herkenbaar. Deze morele identiteit is door de morele zelfsturing altijd een mogelijk onderwerp van gesprek, maar tegelijkertijd een robuust geheel. Een integer persoon staat open voor kritiek, maar waait niet met alle winden mee. Wat moet je kunnen en wat moet je doen om tot morele zelfsturing te komen? We bespreken drie vaardigheden die samen de morele zelfsturing vormen, te weten identificatie van verplichtingen, het balanceren tussen verschillende verplichtingen en het beschermen van de eigen moraal.

Identificatie van morele verplichtingen

Integere professionals herkennen een morele verplichting als die aan de orde is. Een goede docent snapt dat als de beamer in een lokaal stuk is, dat hij of zij dit door moet geven. Hoveniers die aan een drukke straat werken, snappen dat zij een hark niet op het trottoir moeten neerleggen. Dit zijn voorbeelden van situaties waarin een beroepsbeoefenaar herkent dat een morele verplichting voor hem of haar geldt.

Identificeren van morele verplichtingen

Maar niet alleen zien mensen hun morele verplichtingen, ze accepteren ze ook. Dit accepteren is geen passieve actie, maar een actief 'ja' zeggen tegen een verplichting. De beroepsbeoefenaar voert de verplichtingen uit die de positie van het beroep met zich meebrengt. We spreken van identificatie van morele verplichtingen als de beroepsmoraal niet van buiten wordt opgelegd, maar van binnenuit door de persoon wordt aanvaard. Beroepsbeoefenaren die zich niet identificeren met de verplichtingen die hun professie met zich meebrengt, noemen we lichtzinnig of oppervlakkig.

Zou elke ambtenaar dit doen?

Op 22 mei 1963 zou mijn grootvader Jan van Dalen 65 worden. Zeven jaar eerder was de Algemene ouderdomswet (AOW) ingevoerd die iedere burger van 65 recht gaf op een pensioenuitkering. De uitkering ging in in de maand waarin de burger 65 werd, en werd uitbetaald op de eerste van de maand. Op 14 mei 1963 wordt mijn grootvader aangereden op straat en na een week in coma te hebben gelegen, overlijdt hij op 21 mei. Hij heeft dus nooit zijn 65ste verjaardag gevierd, maar op 1 mei 1963 is wel zijn eerste pensioenuitkering gedaan, waar hij formeel nooit recht op heeft gehad omdat hij nooit 65 is geworden. In het najaar van 1963 krijgt mijn grootmoeder een brief van een ambtenaar op het ministerie waarin deze bericht dat er onterecht een maand pensioen is uitgekeerd en haar vriendelijk doch dwingend verzoekt dit bedrag terug te betalen...

Balanceren tussen morele verplichtingen

Balanceren van morele verplichtingen

Integere professionals proberen in hun gedrag een evenwicht tussen de verschillende morele verplichtingen te vinden. Deze verplichtingen kunnen voortkomen uit hun positie als beroepsbeoefenaar, uit hun sociale positie of uit hun persoon. En het zijn juist deze verschillende bronnen van verplichtingen die integriteit zo spannend maken.

Stel je bijvoorbeeld een accountant voor. Nauwkeurigheid is een beroepswaarde voor accountants waar deze professional graag aan wil voldoen. Als vader heeft hij de verplichting zijn kinderen naar bed te brengen, en persoonlijk is voor hem de norm 'houd je aan je afspraken' heel belangrijk. Dit zijn alle drie morele verplichtingen die hij zichzelf oplegt, die hij accepteert. Maar als er afgesproken is met een collega dat een rapport op een bepaald tijdstip klaar moet zijn en er, om het af te krijgen, overgewerkt moet worden in de avond, dan zal die accountant een balans moeten vinden tussen zijn nauwkeurigheid, zijn verplichting de kinderen een keer per dag te zien en de norm 'afspraak is afspraak'.

Integriteit brengt met zich mee dat een professional in zo'n situatie probeert met een keuze een *balans* te vinden tussen de verschillende verplichtingen. Dit afwegen is niet simpelweg het midden zoeken, maar een actief balanceren op de juiste plek. De professional zit er als mens middenin. De persoon, of eigenlijk de integriteit van de professional, staat op het spel. Bij een verkeerde keuze sneuvelt de integriteit van de persoon.
Waaraan kunnen we een integere balans herkennen? We bespreken drie criteria waaraan we een integere balans, een integere keuze, kunnen herkennen:
1 consistentie
2 coherentie
3 correspondentie

Ad 1 Consistentie
De keuzes moeten *consistent* zijn. Daarmee bedoelen we dat er geen tegenspraak tussen verschillende keuzes zit. Dus niet vandaag als een gek overwerken en morgen overwerk lichtvaardig uitsluiten omdat je andere dingen moet. Het is niet de bedoeling dat als je eenmaal voor het een kiest, dat je je daar dan altijd aan moet houden. Consistentie betekent dat als je vandaag fanatiek overwerkt, dat je dan morgen een goede reden moet hebben als je een andere keuze maakt. **Consistentie**

Een integer persoon staat open voor kritiek, maar waait niet met alle winden mee.

Ad 2 Coherentie
Niet alleen moeten de keuzes consistent zijn in de tijd, de verschillende soorten keuzes moeten ook met elkaar kloppen. Van een sociaal werker verwacht je meer sociale interesse dan van een schilder. Een accountant die op zijn werk geordend en precies moet zijn, zal geen huishouden van Jan Steen hebben. Je verwacht dat de verschillende keuzes *coherent* zijn met elkaar, dat wil zeggen: passen in een samenhangend geheel, in een totaalbeeld van de persoon. Integere mensen zijn een geheel in verschillende omgevingen. **Coherentie**

Ad 3 Correspondentie
Ten slotte is het zo dat integere mensen zich gedragen in overeenstemming met hun afwegingen en in overeenstemming met de beroepsmoraal waarmee ze zich geïdentificeerd hebben. Er is *correspondentie* tussen de keuze en het gedrag. Het gedrag blijft ook in overeenstemming met de gekozen verantwoordelijkheden als er verleidingen zijn om het anders te doen, of als er druk op de persoon wordt uitgeoefend. We spreken van een standvastig persoon als woord en gedrag blijven overeenstemmen, blijven corresponderen, ook als het moeilijk wordt. **Correspondentie**

Als een keuze tussen verschillende verplichtingen consistent is, coherent is en correspondeert met het gedrag, dan is er goede kans dat de balans tussen de verschillende verplichtingen integer is.

'Schrijf niet toe aan boosaardigheid wat je door domheid kunt verklaren.'

— Harry Kushner

Beschermen van de eigen moraal

Professionals moeten hun morele identiteit, hun normen en waarden, beschermen tegen een te grote aantasting vanuit andere verplichtingen. Onderdeel van integriteit is dat je in staat bent je persoonlijke idealen te verdedigen. Extreme voorbeelden hiervan zijn een ambtenaar van de burgerlijke stand die geen homohuwelijken wil sluiten, of de koning van België die aftreedt omdat hij een wet die abortus legaliseert moet ondertekenen; iets waar hij principieel tegen is.

Integriteit

Beschermen van de eigen moraal

6

Maar het is ook andersom mogelijk, dat een professionele norm zwaarder weegt en voor de privésituatie gevolgen heeft. Denk aan een belastingambtenaar die geen zwartwerker aan het werk wil hebben. Of een leerkracht die in een winkel erop wijst dat er een spelfout in een van de reclames zit. Dit zijn ook voorbeelden van een morele identiteit die beschermd wordt tegen een inbreuk door andere verplichtingen. De leerkracht zou te veel morele eigenwaarde inleveren als hij of zij in de vrije tijd dingen zou doen die beroepsmatig niet door de beugel kunnen.

'Persoonlijk leiderschap is je visie voor ogen houden en je leven daarop aanpassen.'

— Stephen Covey

Voet bij stuk houden

Integriteit

Weloverwogen nadenken

In het beschermen van de eigen moraal geldt ook dat het geen simpel voet bij stuk houden is, maar een weloverwogen staan voor wie je bent. Idealen en levensplannen hoeven niet per se overeind te blijven. Het kan juist heel integer zijn een ideaal te laten varen als er te veel goede redenen tegenin te brengen zijn, of omdat je door levenservaring een ideaal niet meer belangrijk vindt. Mensen ontwikkelen zich in hun leven, ook moreel. En je integriteit moet je individuele groei niet in de weg staan. Morele zelfsturing betekent weloverwogen nadenken over je principes en de bereidheid dit te blijven doen. Tegenover het onnadenkend vasthouden aan een principe staat het onnadenkend meegaan met alle invloeden, het met alle winden meewaaien. In figuur 6.2 is dit proces van balanceren weergegeven.

Samengevat bestaat integriteit – of morele zelfsturing – uit drie onderdelen: identificatie van relevante morele verplichtingen, het balanceren tussen

deze verplichtingen die uit verschillende sociale posities voortkomen, en het verdedigen van een morele identiteit, de eigen normen en waarden. **Morele identiteit**
In al deze drie onderdelen van morele zelfsturing is er telkens sprake van dat de persoon in kwestie actief en weloverwogen optreedt. Zowel in het identificeren als het balanceren en het beschermen dient de persoon zich actief op te stellen. Er is nooit simpelweg sprake van een voldoen aan een regel of het handelen volgens een voorschrift. Integriteit is een begrip dat iets zegt over de houding van een professional.

FIGUUR 6.2 Integriteit is balanceren

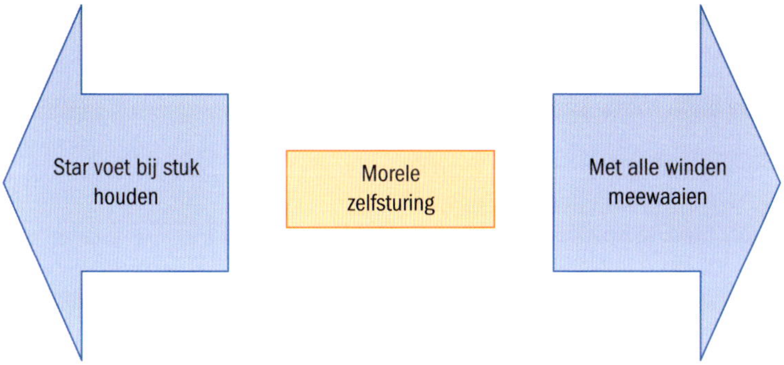

'De hoogste vorm van integriteit is het vermogen tegengestelde normen en waarden in de persoon te verenigen.'

— Fons Trompenaars

We concluderen dat integriteit vooral te maken heeft met de houding, de intentie waarmee iemand omgaat met verantwoordelijkheden. Het lijkt er inderdaad op dat integriteit een *deugd* is, een karaktereigenschap van een persoon, en geen abstract ideaal dat we moeten realiseren (een waarde) of een gedragsregel die we moeten navolgen (een norm). Met een gevolgenethiek waarmee we waarden realiseren of met een plichtethiek waarmee we normen navolgen, realiseren we geen integriteit. Integriteit is geen kwestie van 'je aan de regels houden'.

Integriteit

Deugd

Integriteit is geen kwestie van 'je aan de regels houden'.

Mentaliteit

Integriteit betekent niet zozeer dat je goed bent in morele 'problem solving', maar dat je een juiste *mentaliteit* bezit. Een mentaliteit die je steeds weer aanzet tot identificeren, balanceren en beschermen van de morele verplichtingen waarin je zelf als moreel individu betrokken bent. Als je dat blijft doen, als je actief erkent dat bepaalde verplichtingen voor jou in jouw positie belangrijk zijn om uit te voeren, als je aantoonbaar afweegt wat hier en nu het zwaarst moet tellen, en vooral als je de keuze die je maakt voor je rekening neemt en aanspreekbaar blijft op je keuze, dan heb je de hoogste vorm van integriteit gerealiseerd: het vermogen om tegengestelde normen en waarden in je persoon te verenigen.

REFLECTIEVRAAG

6.4 Deug jij voor je vak?

6.3 De moraal van je vak

In de vorige twee paragrafen bespraken we wat een integere professional allemaal doet. Een integere professional:
- doorziet morele keuzes op het juiste tijdstip,
- analyseert deze keuzes aan de hand van de juiste morele uitgangspunten,
- maakt een juiste keuze (althans een keuze die het verdedigen waard is),
- vertaalt deze keuze in effectief gedrag,
- waarmee de uitgekozen morele uitgangspunten ook daadwerkelijk gerealiseerd worden.

Nu ging het in de vorige paragrafen over individueel functioneren. Maar je staat eigenlijk nooit alleen in je werk. Je bent altijd omgeven door cliënten, de organisatie, klanten, een markt, wetgeving, et cetera. Deze omgeving is altijd in gedachten in je functioneren aanwezig en heeft invloed op je functioneren. Over deze invloed gaat deze paragraaf.

Professioneel functioneren

Het begrip 'integriteit' wordt meestal in een professionele situatie gebruikt. Als mensen in hun privéleven morele grenzen overschrijden, noem je ze bijvoorbeeld onbetrouwbaar of je gebruikt een scheldwoord om die persoon mee aan te duiden. Maar als verplegend personeel in een ziekenhuis denigrerende grappen maakt over de patiënten, dan 'zijn ze niet integer'. Dit gebruik van het begrip integriteit in de arbeidsomgeving is een aanwijzing dat integriteit niet zozeer een uitspraak is over het moreel gehalte van een persoon, maar veeleer een morele beoordeling is van het professioneel functioneren van die persoon.

Elk beroep heeft zijn eigen moraal.

In de vorige paragraaf hebben we gezien dat integriteit een deugdethisch begrip is. Als je een uitspraak doet over de integriteit van iemand, doe je een uitspraak over het karakter van die persoon. Dit heeft als nadeel dat het een zwart-witbeslissing wordt. Als je over de integriteit van iemand spreekt, dan zijn er maar twee mogelijkheden: het is goed of het is fout. Een gevolg hiervan is dat integriteit ook meteen een grote betekenis krijgt.

Als aan de integriteit van een politicus getwijfeld wordt, is het meteen afgelopen met zijn of haar carrière. Hetzelfde geldt voor medewerkers van de belastingdienst; als ze sjoemelen met hun belastingaangifte, worden ze ontslagen. In het geval van onbetrouwbare politici en belastingdienstmedewerkers werkt dit, die wil je ook ontslaan. Maar er is een groot domein waar zo'n morele zwart-witbeoordeling van gedrag niet werkt. Om het morele denken over het functioneren van professionals verder te helpen, gebruiken we het begrip normatieve professionaliteit.

Normatieve professionaliteit

If you can't beat them, join them. If you can't join them, leave them.

Elk beroep heeft zijn eigen moraal. Dit heeft alles te maken met de inhoud van het beroep. Een basisschoolleerkracht vindt ontwikkeling en groei van mensen belangrijk, want daar gaat het om in dit vak om. Een accountant vindt precisie heel belangrijk, want dat is nodig voor het functioneren in het vak. Een sociaal werker vindt zelfstandigheid en individuele ontplooiing van mensen heel belangrijk. Dit zijn allemaal voorbeelden van waarden die belangrijk zijn in een vakgebied. Elke professional moet deze morele uitgangspunten op een of andere manier waarmaken in het persoonlijk functioneren, in de vorm van een morele zelfsturing, zoals we in de vorige paragraaf hebben gezien. Ze kunnen daarin tevoorschijn komen als norm, als waarde of als deugd.

Morele zelfsturing

Als student in deze vakken dien je je deze morele uitgangspunten eigen te maken. Dit wordt ook wel de *subjectiveringsfunctie van het onderwijs* genoemd. De opleiding heeft naast het onderwijzen ook de functie om studenten persoonlijk voor te bereiden op hun functioneren in de professie. Hiermee bedoelen we dat studenten zich de normen van het vak eigen maken en integreren in hun persoon. Neem het volgende, waargebeurde, voorbeeld.

Subjectiveringsfunctie van het onderwijs

Wijsheid van de juf?

Een vader komt op school voor overleg met de juf van groep 6. Zijn dochter heeft een opstel geschreven waar ze een 8 voor gekregen heeft en er staat op geschreven: 'Je kunt prachtig schrijven, Ilse.' Maar het opstel zit vol met spelfouten, ook veel fundamentele spelfouten die een leerling van groep 6 echt niet meer mag maken. De vader vraagt zich af of dit wel goed onderwijs is, wat de juf biedt. De juf antwoordt desgevraagd dat ze de spelfouten heus wel gezien heeft, maar dat ze het niet over haar hart kan krijgen om ze allemaal aan te strepen '... want Ilse kan zó prachtig schrijven en ze beleeft er zoveel plezier aan.'
Twintig jaar later is Ilse een succesvol journalist – die elke dag rekening moet houden met haar dyslexie, dat wel.

REFLECTIEVRAAG

6.5 Doet deze juf het goed?

Normatieve professionaliteit gaat over de kwaliteit van het werk los van de technische vakkundigheid van de professional. Elk beroep heeft zijn vakkennis die professionals in opleiding zich eigen moeten maken in de opleidingsfase. Het uitoefenen van het beroep is echter geenszins het 'toepassen van de kennis'. Als dat zo was, was het vak al lang uitbesteed aan landen waar de loonkosten lager zijn, zoals in de ICT-branche is gebeurd met het programmeerwerk. Een echte professional ben je pas als alle vakkennis geïntegreerd is in je persoon en je in een ingewikkelde situatie persoonsgebonden keuzes kunt maken en daarnaar kunt handelen. Dergelijke keuzes zijn dan niet meer alleen vakinhoudelijke keuzes. Maar wat veel belangrijker is, het zijn ook zeker niet louter persoonlijke keuzes!

Werk niet voor je ego. Laat je ego voor jou werken.

Neem de volgende voorbeelden:

- De automonteur in opleiding gooit uit gewoonte het gereedschap in de kist naast zich. Een collega merkt op dat zij voorzichtiger met het gereedschap om moet gaan.
- De politieagent heeft een gesprek met een dronkenlap. Deze probeert overeind te komen, maar zakt telkens weer door de knieën. De agent helpt hem overeind.
- De doktersassistente geeft telefonisch besproken klachten door aan de arts en voegt eraan toe: 'Ik vertrouw het niet.'
- De vestigingsmanager van de supermarkt heeft geen goed gevoel bij de nieuw aangenomen vakkenvuller en vraagt zich af of hij vooroordelen heeft, of dat er echt iets is.
- De rijinstructeur staat niet toe dat je over een parkeerplaats naar een andere parkeerplaats rijdt.

In al deze voorbeelden is er sprake van professioneel functioneren. Het betreft allemaal situaties waarin iemand een beroep uitoefent. De betrokken collega's, klanten of medewerkers zelf hebben een oordeel over de kwaliteit van het functioneren. Het is niet lood om oud ijzer hoe je de situatie aanpakt; de professionele keuze is de juiste keuze, het behoort zo gedaan te worden. Zo'n professionele keuze heeft vaak een normatief aspect in zich. Je kunt je voorstellen dat deze situaties een pittig gesprek opleveren. De kwaliteit van samenwerken staat op het spel!

Dit doet denken aan de kenmerken van een moreel oordeel die we bespraken in paragraaf 1.1. We vergelijken daarom de kenmerken van een moreel oordeel met normatieve professionaliteit.
Een moreel oordeel:

1 gaat over menselijk gedrag
2 overstijgt het individuele (is veralgemeniseerbaar)
3 is normatief (schrijft voor hoe het moet)
4 is gericht op het goede
5 kan morele verontwaardiging veroorzaken

Normatieve professionaliteit voldoet zonder meer aan de eerste drie van deze kenmerken. Een verschil is echter dat de normatieve professionaliteit niet per se moreel van aard hoeft te zijn. Het kan ook heel goed een esthetische grondslag hebben.

Schoonheid in je werk zien
Veel professies hebben óók esthetische normen, die uitdrukken hoe schoonheid in dat vakgebied eruitziet. Deze normen zijn een uitdrukking van wat men als bewonderenswaardig ervaart in dat vakgebied. Vaak is het een soort van eenvoud, van ogenschijnlijk gemak, die bewonderd wordt:

- Van topsporters – voetballers, tennissers, maar ook schakers – kan gezegd worden dat ze 'mooi spelen'. Zoals Messi de verdediger uitspeelt, 'dat lijkt eenvoudig, maar het is meesterlijk'.
- Programmeurs kunnen spreken van een 'mooi programma' of een 'elegante oplossing'.
- Gymleraren onder elkaar spreken bewonderenswaardig: 'Tjonge, het gemak waarmee jij die chagrijnige groep toch in beweging kreeg. Geweldig!'
- Een rijinstructeur die het afkeurt om over een andere parkeerplaats naar een parkeerplaats te rijden.

De normatieve inhoud van het professioneel functioneren kan ook uit levensbeschouwelijke of spirituele bron komen. Als je als sociaal werker te maken krijgt met een cliënt die jou steeds weer bedondert, wordt de deugd 'vergevingsgezindheid' wel op de proef gesteld. Het kan zijn dat dit morele uitgangspunt voortkomt uit een christelijke levensovertuiging. Dit maakt de deugd niet anders, het komt alleen uit een andere bron. Het is goed om je daarvan bewust te zijn, met name in situaties waarin je overtuigingen worden uitgedaagd. Stel dat je in de kinderopvang werkt en besluit om vanwege je geloof een nikab te gaan dragen. Je moet je dan afvragen of een nikab gecombineerd kan worden met het open persoonlijke contact dat nodig is voor het functioneren in een kinderopvang. Om deze zelfreflectie goed uit te kunnen voeren is het belangrijk erachter te komen waar je overtuiging vandaan komt of waarin het gegrondvest is.

6

TIP
Houd je aan afspraken. En als dit niet lukt, meld dit dan direct.

Spiritualiteit

Spirituele elementen van normatieve professionaliteitstaan vaak op het spel als men spreekt van zinloos werk. Een automonteur die de klant adviseert dat het repareren van de oude auto zinloos is, volgt de professionele waarde 'efficiency'. 'Het moet wel zin hebben', hoor je de monteur zeggen. Een kapper die weigert een verliefde klant elke week te knippen (goede business!), een leraar Nederlands die elke keer weer de dt-fouten uit de werkstukken van de leerlingen haalt, een gymleraar die juist de moeilijk bewegende kinderen in beweging krijgt; het zijn allemaal voorbeelden van *zin in je werk* dat inspireert en richting geeft aan professionele keuzes. Deze zin heeft alles te maken met de essentie van het vak, dat waar het in het vak precies om gaat voor jou. Deze richtinggevende essentie van het vak wordt door buitenstaanders vaak niet gemakkelijk herkend. Als je niet zelf monteur, kapper of gymleraar bent, is het moeilijk om te zien wat nu de zin is van dat werk. Wat maakt het de moeite waard om er elke dag voor uit je bed te komen?

Zin in je werk

'Nu begrijp ik waar dit vak over gaat.'

— Een student die terugkomt van stage

Maar niet alleen voor buitenstaanders, ook voor de professional zelf kan het moeilijk zijn om de richtinggevende zin van het vak te vinden. De ervaring van drie maanden stage leert studenten hierover vaak meer dan twee jaar vakken volgen. Regelmatig komen studenten terug van de stageperiode met een verzuchting: 'Nu begrijp ik waar dit vak over gaat.' Dit doet de vraag rijzen hoe je een ontwikkelingsproces organiseert dat hieraan recht doet. Hoe organiseer je dat je de zin van je vak leert? Daarover gaat het volgende hoofdstuk.

REFLECTIEVRAAG

6.6 Wat is er mooi aan jouw vak?

6

Samenvatting

Om tot moreel verantwoord gedrag te komen zijn er drie voorwaarden:
- Je hebt de intuïtie nodig dat een morele visie op je gedrag op een gegeven moment nodig is.
- Je moet in staat zijn morele argumenten te formuleren en af te wegen.
- Je moet de vaardigheid hebben je besluit in gedrag om te zetten.

Om dit gerealiseerde gedrag te beschrijven, gebruiken we het begrip integriteit.

Als je integer wilt zijn, dan moet je:
- in staat zijn je verplichtingen te *identificeren*. Dit betekent dat je ze herkent, én dat je ze aangaat.
- kunnen *balanceren* tussen verplichtingen. Je moet ze kunnen afwegen, maar eigenlijk moet je jezelf afwegen.
- sommige idealen kunnen *verdedigen*, met hart en ziel, maar niet ten koste van alles.

In dit identificeren, balanceren en beschermen is het steeds je betrokkenheid en inzet die het belangrijkst is, veel meer dan het resultaat. Hieruit volgt dat integriteit een deugd is. Het is een uitspraak over het karakter van een persoon.

Om het morele aspect van professioneel functioneren aan te duiden gebruiken we de term normatieve professionaliteit. Dit kan de moraal van het vak betreffen, maar ook sociale of esthetische normen of de spirituele zin van het vak.

'Deug jij voor je vak?'

Niemand is
méér geïn-
teresseerd
in jouw
morele
oordeel dan
jijzelf.

7
Moreel beraad: ethiek voor het samenwerken

Wanneer leer je?
Wanneer leerde je écht?
Wat heb je van een ander geleerd?
Hoe ging dat in zijn werk?
Wat wil je van een ander leren?
Hoe doe je dat?

Er is veel gezegd over morele keuzes en hoe je ze maakt. In hoofdstuk 6 is duidelijk geworden dat het aanleren van integriteit het nodige vergt. Er is echter meer nodig dan het bestuderen van een boek om een moreel persoon te worden. Daarom besteden we in dit hoofdstuk aandacht aan verschillende modellen van morele ontwikkeling. In paragraaf 7.1 gaat het over individuele ontwikkeling en in paragraaf 7.2 over een gezamenlijk moreel leerproces: het moreel beraad.

7.1 Individuele morele ontwikkeling

In deze paragraaf leggen we uit wat voor soort leerproces er nodig is voor de groei naar integere professional. We introduceren twee woorden die helpen begrijpen hoe dit leerproces in zijn werk gaat: drieslag leren en theorie U.

Drieslag leren

Het leerproces dat nodig is voor de groei naar integere professional is anders dan het leren van vakkennis. Om dit te begrijpen maken we een onderscheid in drie soorten leren:

Enkelslag leren

1 *Enkelslag leren*. Bij deze vorm van leren staat de vraag centraal: 'Hoe doe je het goed en hoe doe je dit beter?' Deze vorm van leren gebruik je in praktische aangelegenheden, bijvoorbeeld als je een band plakt of het verband van een brandwond verwisselt. Bij enkelslag leren verbeter je de effectiviteit van je gedrag. Je leert steeds beter (sneller, gemakkelijker) iets doen. Het gaat om hoe je moet werken en hoe je beter kunt werken.

Dubbelslag leren

2 *Dubbelslag leren*. Bij deze vorm van leren gaat het om de vraag: 'Doe je de goede dingen? Wat wil je bereiken?' Het gaat hier niet om een hoe-vraag, maar om een wat-vraag. Wat wil ik bereiken? En waarom doen we dit eigenlijk? Waarom is dit belangrijk om te doen? Het gaat dus niet meer om de effectiviteit van je gedrag zoals bij enkelslag leren. Morele vragen vallen vaak in deze categorie.

Drieslag leren

3 *Drieslag leren*. Bij deze vorm van leren is er niet echt een onderscheid meer tussen lerende persoon en geleerde. Het leerproces is een ontwikkeling van de persoon (of de organisatie). Als je leert op deze manier, verander je jezelf. Centraal staat de vraag: 'Waartoe? Wie wil je zijn?' De inhoud van het leerproces betreft het ontdekken van essentiële principes die jij belangrijk vindt in het leven en waaraan jij je verbindt.

In figuur 7.1 is een overzicht gegeven van deze drie vormen van leren.

FIGUUR 7.1 Verschillende vormen van leren

Wijze van leren	Centrale vraag	Inhoud	Resultaat
Enkelslag	Hoe doe ik het?	Regels	Verbetering van werkwijze
Dubbelslag	Wat wil ik bereiken?	Inzichten	Vernieuwing van doelen
Drieslag	Wie wil ik zijn?	Principes	Ontwikkeling van mensen en organisaties

Met name in drieslag leren verdwijnt het onderscheid tussen individu en sociale omgeving. In het drieslag leren ontstaat een vernieuwde mens die op vernieuwde wijze in interactie gaat met de sociale omgeving, hetgeen dan ook een verandering in die omgeving tot gevolg heeft.

Het zal duidelijk zijn dat het soort leren waarover we in dit hoofdstuk spreken, van de derde vorm is. Als je vragen stelt over de zin van je werk, of het echt persoonlijke aspect in je functioneren, dan ontwikkel je jezelf. En als dat gebeurt, beïnvloed je ook je omgeving, de mensen met wie je samenwerkt. We illustreren het verschil tussen enkel-, dubbel- en drieslag leren aan de hand van een voorbeeld.

Je ziel redden in een moeilijke situatie
Hermen: 'Ik had een vakantiebaantje bij een grote garage die tegelijkertijd groothandel in automaterialen voor de branche is. De omgangsvormen op de werkvloer zijn er tamelijk direct, en soms ronduit lomp. In deze omgeving vond een medewerker het nodig om een minder assertieve collega consequent agressief aan te spreken. Zelfs in die mate dat die collega er duidelijk onder gebukt ging. Op een gegeven moment was ik het zat en riep de pester toe: "Zeg klojo, ga je met een ander bemoeien en zit hem niet zo op de huid." De pester draaide zich naar mij om, pakte een stanleymes uit zijn overall, schoof het mes eruit en wierp het naar mij toe over een afstand van vijf meter. Ik reageerde geschrokken: "Doe normaal man!" Waarop hij zei: "Of wou je nog een mes naar je hoofd?" en begon te zoeken in zijn zakken. Op dat moment realiseerde ik me: hier sta ik zelf op het spel. Is mijn toekomst er een van iemand die een vakantiebaantje opgeeft omdat de werkvloer niet veilig is, of is mijn toekomst er een waarin ik weerstand bied tegen een pestkop op de werkvloer? Ik nam geen besluit, mijn antwoord kwam als vanzelf toen ik zei: "Of wou jij ontslagen worden?"
De pestkop dacht een seconde na en begon, meer in zichzelf, te zeuren over een "grote bek" en "jonge broekies", maar draaide zich om en richtte zich weer op zijn werk. In de loop van de weken daarna merkte ik een klein verschil in de omgangsvormen op de werkvloer. De mannen gaven elkaar meer een weerwoord en dat kwam ten goede aan de gelijkheid op de werkvloer.'

TIP
Als iets belangrijk voor je is, doe het dan zelf.

7

In dit voorbeeld zien we dat Hermen bij zichzelf naar binnen kijkt en zichzelf de vraag stelt: wie wil ik zijn? Wat voor toekomst zie ik voor mezelf? Dit gaat weliswaar heel snel, maar het is wel degelijk aan de hand. Het interessante is dat als hij die vraag toelaat bij zichzelf, het antwoord eigenlijk als vanzelf komt! Op het moment dat Hermen zich afvraagt: 'wie wil ik zijn?', weet hij het eigenlijk ook wel. Dit betekent niet dat de vraag overbodig is. Integendeel! Alleen door de vraag te stellen komen de antwoorden die zo veelbetekenend zijn voor Hermen. Vergelijk dit met vragen die enkel- en dubbelslag leren in gang zetten.
Als Hermen zich alleen afgevraagd had: hoe red ik me uit deze penibele situatie? Of nog praktischer: heeft die pestkop nog een stanleymes op zak? Dan waren de antwoorden ook van die orde geweest. De antwoorden op die vragen zijn praktische oplossingen over hoe je iets beter kunt doen. Dit is enkelslag leren: het ontwikkelen van sociale vaardigheden om je in moeilijke situaties te redden.
Ook had Hermen zich af kunnen vragen wat hij belangrijker vindt: opkomen voor een collega of zijn eigen veiligheid? Een antwoord hierop geeft hem inzicht in welke principes hij belangrijk vindt. Dit is dubbelslag leren en ook zeker de moeite waard om te doen. Maar het is niet wat er in dit voorbeeld gebeurt.

'My actions are my only true belongings: I cannot escape their consequences.'

— Thich Nhat Hanh

Hermen stelt zichzelf de vraag wie hij wil zijn en wat hij wil betekenen op die werkvloer in die organisatie. Deze vragen kun je jezelf ook stellen op een zondagmiddag bij het haardvuur, maar de kans is klein dat er dan een vergelijkbaar leerproces op gang komt. Zeer waarschijnlijk blijft het dan bij vrijblijvende bespiegelingen over een ideaalbeeld. Dit is ook goed om af en toe te doen, maar het is geen drieslag leren. In de heftigheid van de fysieke bedreiging van dat moment betekent de vraag, en het antwoord dat komt, veel meer voor Hermen. En niet alleen voor Hermen zelf, maar ook voor de sociale omgeving. Hij merkte immers dat de omgangsvormen op de werkvloer een beetje veranderden na dit akkefietje! Er vindt een verandering plaats. Dit is drieslag leren.

Kenmerkend voor de gang van zaken in dit voorbeeld is dat Hermen zichzelf een moeilijke vraag stelt. Kijk even naar de volgende drie vragen:

1 Hoe red ik me uit deze situatie? (enkelslag leren)
2 Wat vind ik belangrijker: opkomen voor een collega of mijn eigen veiligheid? (dubbelslag leren)
3 Wat wil ik betekenen voor deze mensen? (drieslag leren)

7

Plekken der moeite opzoeken

De eerste twee vragen, die leiden tot enkelslag en dubbelslag leren, zijn relatief gemakkelijk te beantwoorden. De derde vraag is echt moeilijk, wat kenmerkend is voor drieslag leren. Je moet de problemen opzoeken. Alleen als je moeite doet, levert het wat op en dit moet je dus actief aangaan. Je moet de plekken der moeite opzoeken en de moeilijkheden doorstaan. Dan leer je.

Zonder wrijving geen glans.

Theorie U

Een ander kenmerk van dit voorbeeld is dat het een echte verandering in de toekomst betreft. Hermen heeft de omgangsvormen in dat bedrijf een klein beetje veranderd. Dit aspect van drieslag leren kunnen we begrijpen met een theorie van de organisatorische veranderingen, de theorie U.

Theorie U

Open geest

In de theorie U wordt een leerproces voorgesteld als het doorlopen van een U-beweging. Dit begint met het waarnemen van wat er werkelijk aan de hand is, zonder vooroordeel en vooronderstellingen over hoe de situatie in elkaar zit. Dus gewoon kijken en je afvragen: wat gebeurt hier nu eigenlijk? We noemen dit waarnemen met een *open geest*, omdat dat is wat je nodig hebt om dit te doen.

Dit waarnemen is niet alleen met je verstand openstaan voor wat er aan de hand is, maar ook aanvoelen wat het voor anderen betekent en voelen wat de situatie voor jezelf betekent. We noemen dit een *open hart*, omdat dat is wat je nodig hebt om te voelen.

Open hart

Vervolgens kan dit voelen en waarnemen allerlei emoties, overtuigingen en oordelen oproepen. Verplaats je eens in de situatie van Hermen daar in het magazijn tussen de autobanden. Je kunt bang of boos worden in zo'n situatie. Of je denkt: wat een idioot om een mes naar mij te gooien. Die man spoort niet! Wie heeft hem aangenomen? Deze gevoelens en oordelen zijn volstrekt begrijpelijk en redelijk, maar ze verhinderen een leerproces. Als je gaat handelen op basis van het oordeel 'Wat denkt die idioot wel om een mes naar mij te gooien!', ben je eigenlijk hard aan het werk voor je ego. Natuurlijk heb je gelijk, maar daar gaat het hier niet om. Dus je moet je daar ook niet op focussen. De neiging van het ego is om dat wel te doen en alle denken, voelen en handelen te overheersen. Voor drieslag leren is het nodig om zo'n oordeel los te laten, ondanks dat je gelijk hebt. We noemen dit loslaten van je overtuigingen een *open wil*, omdat dit is wat je nodig hebt als je ruimte geeft aan een drieslag leerproces. Dus op het moment dat je vastzit in een 'ik zal die kerel wel even vertellen waar het op staat', heb je deze techniek nodig. Laat je overtuigingen en je oordelen los en geef ruimte aan de vraag: wie wil ik zijn en wat wil ik betekenen?

Open wil

Als je deze vraag toelaat in jezelf, komt er op basis van eerdere ervaringen en opgebouwde kennis, eigenlijk op basis van alles wat je tot dan toe geleerd hebt in je leven, een mogelijkheid van een toekomst voor jezelf, zeg maar een toekomstig zelf. Het is zaak deze toekomst te laten komen, om vervolgens wel hard te werken om hem waar te maken.

Toekomstig zelf

Dit klinkt misschien als een toverformule, maar het is de verwoording van een spiritueel inzicht dat je altijd alleen maar kunt handelen in de situatie waarin je zit en op basis van wie je bent. Als je een hulpvraag met open geest, open hart en open wil formuleert, dan komt er ook een antwoord van de mogelijkheden die je hebt.

'Op Zweinstein wordt altijd hulp geboden aan degenen die daarom vragen.'

— Albus Perkamentus

De theorie U wordt weergeven in figuur 7.2.

FIGUUR 7.2 Drieslag leren in de theorie U

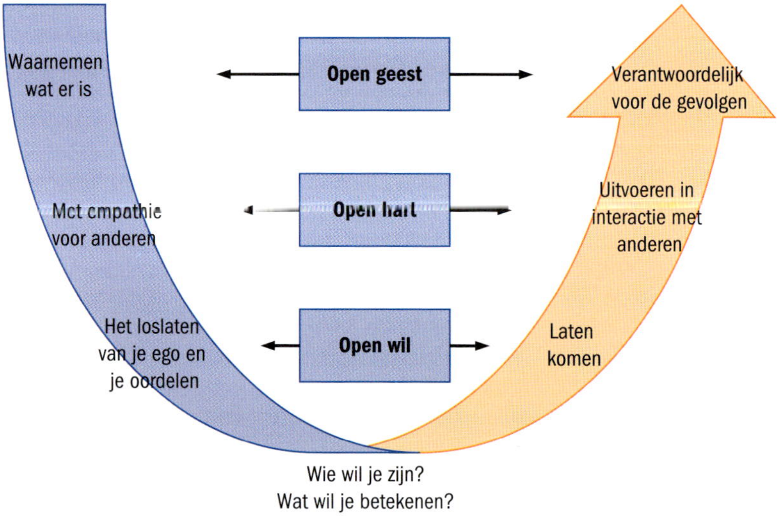

7

Figuur 7.2 laat zien dat als je een hulpvraag stelt met open geest, open hart en open wil, dat je dan bent afgedaald in jezelf bij de kern van wie je bent. Vanaf hier gaat het weer omhoog richting concrete actie, vandaar de naam theorie U. In het volgende voorbeeld beschrijven we hoe zo'n proces er in de praktijk uitziet. Onze student Hermen is nu op stage.

Je ziel uitvinden in een moeilijke situatie
Hermen: 'Ik loop stage en doe een onderzoek onder de klanten door middel van interviews. Ik heb dit nu zes weken voorbereid en het eerste bezoek is vanmiddag. Ik heb mijn nette pak aangetrokken. Met Carlo, mijn stagebegeleider, heb ik afgesproken dat hij het eerste interviewbezoek mee zal gaan en dat we het samen zullen doen. Ook omdat hij als marketingmanager het klantcontact belangrijk vindt.
Vanochtend kwam de directeur-eigenaar van het bedrijf binnenlopen. Hij nodigde Carlo uit om vanmiddag mee te gaan golfen met een aantal zakelijke relaties. "Misschien kunnen we daar meer zaken mee doen", voegde de directeur eraan toe. Carlo was het ermee eens dat dit een mooie kans was en sprak direct af om mee te gaan. Toen de directeur de kamer uit was, zei hij tegen mij: "Bel jij het bedrijf even op waar we vanmiddag langs zouden voor dat interview. Zeg maar dat ik ziek ben geworden of zo, en maak maar een nieuwe afspraak." Tamelijk perplex over de gang van zaken stemde ik hiermee in.
Nu Carlo de kamer uit is, ben ik er eens goed voor gaan zitten. Wat is hier aan de hand? Wat gebeurt hier? Ik ben boos, ik voel me ook niet serieus genomen door deze gang van zaken. Omdat Carlo zo nodig wil golfen met de directeur, gaat onze afspraak niet door. En nu moet ik gaan liegen tegen de klant. Wat een slapjanus zeg, die Carlo!'

Hermen probeert aan de hand van de theorie U erachter te komen hoe hij met deze situatie om moet gaan.

Beter is de grootste vijand van goed.

Open geest
Het golfen vanmiddag is ook met potentiële klanten van het bedrijf. Dit kan belangrijk zijn en Carlo heeft als marketeer verantwoordelijkheid voor het contact met de klanten. Hij mag prioriteiten stellen in zijn agenda en dan eerder gemaakte afspraken afzeggen. Dat gebeurt soms.

Open hart
Dat Carlo niet het lef heeft om tegen de directeur te zeggen dat hij niet kan, is niet mijn zaak. Bovendien mag ik me ook afvragen hoe belangrijk het meegaan van Carlo nu eigenlijk is. Als hij mee moet omdat ik het nog niet alleen aandurf, dan begrijp ik wel dat hij er niet zo'n prioriteit aan geeft. Blijkbaar is het zo dat hij mijn onderzoek niet heel belangrijk vindt. Oké, dat is dan zo.

Open wil
Ik durf best een afspraak af te zeggen met een smoes dat er iemand ziek is geworden. Dat verdient misschien geen schoonheidsprijs, maar het is ook geen doodzonde.
Het gaat niet aan om Carlo op zijn keuze af te rekenen. Dat Carlo het onderzoek niet zo belangrijk vindt, maakt mij niets uit. Dat is zijn zaak. Wat ik belangrijk vind, is dat ik verantwoordelijkheid neem voor het interview en het onderzoek. Als we volgende week pas weer een afspraak kunnen maken, schuift het hele onderzoek op. Dat is niet goed voor mijn planning.

Wie wil ik zijn en wat wil ik betekenen?
Dit gaat helemaal niet over liegen tegen een klant over een te verzetten afspraak. Dit gaat over verantwoordelijkheid voor mijn stageonderzoek. Ja, die heb ik op me te nemen. Ik wil een goed onderzoek laten zien. En daarvoor is het nodig dat ik deze week al het eerste interview heb. En ik wil verantwoordelijkheid nemen voor de interviews en het onderzoek. Ik zorg ervoor dat het goed komt.

Laten komen
Als ik ervoor wil zorgen dat mijn onderzoek goed verloopt, dan moet ik me niet afhankelijk maken van Carlo. Ik kan wel alleen naar dat interview vanmiddag. En als Carlo dat geen goed idee vindt, dan moet hij dat zeggen.

Uitvoeren
Ik ga meteen naar Carlo toe om hem te zeggen dat ik de klant bel dat hij niet meekomt vanmiddag en dat ik voorstel het interview alleen af te nemen. Eens kijken wat hij daarvan zegt en wat ze bij de klant daarvan zeggen.

'My actions are the ground on which I stand.'

— Thich Nhat Hanh

REFLECTIEVRAAG

7.1 Wanneer heb jij gewikt en gewogen?
7.2 Wanneer heb je echt iets geleerd? Herinner je je een situatie waarvan je zegt: toen heb ik geleerd? Beschrijf die situatie.
7.3 In welk opzicht ben je toen veranderd? In welk opzicht veranderde de toekomst die daarop volgde?

7.2 Moreel beraad: gezamenlijke morele ontwikkeling

In de vorige paragraaf werd gesproken over de individuele morele ontwikkeling. Uit de besproken voorbeelden werd duidelijk dat individuele morele leerprocessen nauwelijks los te zien zijn van de sociale omgeving. Hoe ziet morele ontwikkeling in een team er dan uit? Hoe gaat dat in zijn werk? In deze paragraaf richten we de aandacht op het morele leergesprek met cliënten en collega's; het moreel beraad. We beginnen met de voorwaarden. Wat is er nodig om een moreel gesprek met collega's te voeren? En daarna bespreken we de uitvoering zelf. Hoe voer je nu een moreel gesprek?

Moreel beraad

Voorwaarden voor een gesprek over moraal

Een gesprek over morele keuzes kan met heel verschillende mensen gevoerd worden. Het kan gaan om je collega's, om klanten, om cliënten, het kan een gesprek zijn in een team of met je vrienden of in het gezin. Ook het resultaat of doel ligt vooraf niet vast. Je kunt het voeren om een gezamenlijke morele keuze te formuleren, maar een moreel gesprek kan ook eindigen met een weloverwogen acceptatie van een moreel meningsverschil. Om dit alles mogelijk te maken, moet er aan de volgende vier voorwaarden worden voldaan:

1 Iedereen moet mee (kunnen) doen.
2 Macht mag geen rol spelen.
3 Je moet in de breedte alles kunnen bespreken.
4 De argumenten moeten relevant zijn.

Hierna bespreken we deze voorwaarden.

Ad 1 Iedereen moet mee (kunnen) doen

Iedereen die belangen heeft, of betrokken is bij een situatie, moet mee kunnen spreken. Dat betekent niet dat iedereen zich uit moet spreken, maar de mogelijkheid dat alle betrokkenen een inbreng hebben, is belangrijk. Dit gaat er niet alleen over dat iedereen mee kan praten, maar ook over dat iedereen zich uitgenodigd voelt en veilig voelt om een inbreng te hebben. Deze sociale veiligheid moet gecreëerd en bewaakt worden door alle deelnemers in het gesprek.

Sociale veiligheid

Deze voorwaarde heeft ook een andere kant. Iedereen die meespreekt moet ook echt de ambitie hebben om mee te praten, een inbreng te hebben. 'Voor de vorm erbij zitten' past niet bij een moreel gesprek. De ambitie om een inbreng te hebben vooronderstelt op zijn beurt dat deelnemers vertrouwen op hun eigen mening. Dat ze hun standpunt de moeite waard

Vertrouwen op eigen mening

vinden om in te brengen. Dat deelnemers in een moreel gesprek het gevoel hebben dat hun mening er mag zijn, dat hun mening ertoe doet, is een uiting van psychologische veiligheid. Ook de psychologische veiligheid moet gecreëerd en bewaakt worden door alle deelnemers in het gesprek.

Psychologische veiligheid

Ad 2 Macht mag geen rol spelen
Het ethisch gezichtspunt begint bij het principe dat mensen gelijkwaardig zijn en dat gedrag wederkerig (omwisselbaar) moet zijn. Als mensen werkelijk gelijkwaardig aan elkaar zijn, betekent dat dat er ook geen ruimte is voor macht en het gebruik ervan. Macht is het tegenovergestelde van gelijkwaardigheid. In een ethisch gesprek gaat het om de morele kwaliteit van de beslissingen. Deze morele kwaliteit is een resultaat van een gevoelig denken dat we in paragraaf 2.4 bespraken en van morele uitspraken waarin mensen zich laten kennen. Een positie van macht van een van de gespreksdeelnemers belemmert dit.
Dit betekent niet dat een leidinggevende onmondig is. Het is mogelijk dat aan het eind van het gesprek de leidinggevende samenvat: ‘ik beslis om het zus en zo te doen, ondanks dat een aantal mensen het er niet mee eens zijn’. Soms is zoiets nodig in een organisatie. Prima. Maar iedereen moet wel vrijelijk gesproken hebben in het gesprek. Bovendien geldt dat de gevolgen van de positie van macht bijna altijd onderschat worden door mensen met macht. Adeldom verplicht.

Noblesse oblige

— Frans spreekwoord

Ad 3 Je moet in de breedte alles kunnen bespreken
Voorafgaand aan het bespreken van een morele kwestie kun je niet voorspellen wat er allemaal ingebracht zal worden. Heel vaak word je verrast door de inbreng van gesprekspartners. Het is belangrijk dat hiervoor ruimte is. Ten eerste uit respect voor de andere deelnemers, het is hun standpunt, en ten tweede omdat de moreel relevante argumenten soms uit een onverwachte hoek komen. Hiervoor is het belangrijk dat alles ingebracht kan worden. ook als het op het eerste gezicht overbodig lijkt. Meer praktisch komt het erop neer dat je een scherp onderscheid maakt tussen emoties, feiten en normatieve uitspraken. Deze drie soorten uitspraken behoeven een geheel eigen benadering. Van emotionele uitingen bevraag je of ze waarachtig zijn. Van feitelijke uitspraken onderzoek je of ze waar zijn. En van de normatieve uitspraken overdenk je kritisch de morele kwaliteit en je overdenkt of jij ze voor jouw rekening neemt.

Macht is het tegenovergestelde van ethiek.

Ad 4 De argumenten moeten relevant zijn
Dit is vanzelfsprekend, maar toch het vermelden waard. Dit betekent dat alle relevante feiten besproken moeten worden, maar ook dat de deelnemers moeite moeten doen het onderscheid te maken wat relevante feiten zijn. Dit is niet altijd gemakkelijk vooraf te zeggen. Bovenal betekent deze voorwaarde dat in een moreel gesprek morele argumenten uitgewisseld moeten worden. Dit zijn dus, normen, waarden of deugden. Heel gemakkelijk wordt dit over het hoofd gezien, en dan worden alleen de relevante feiten en de logische gevolgen van de normatieve argumenten uitgewisseld maar niet de normatieve argumenten zelf. Dit schiet tekort voor een goed moreel gesprek.

Met bovenstaande voorwaarden is de belangrijkste voorbereiding voor een moreel gesprek besproken. Als het op de uitvoering aankomt, wordt vaak een stappenplan gebruikt dat een eigen titel heeft meegekregen: de dilemmamethode.

TIP
Als je geen verantwoordelijkheid draagt in een morele kwestie, buig je er dan niet over.

Het uitvoeren van een moreel beraad met de dilemmamethode

Dilemmamethode

Het doel van het moreel beraad met behulp van de dilemmamethode is om een gezamenlijk denkproces op gang te krijgen dat duidelijkheid geeft over de relevante feiten, de steekhoudende morele argumenten en de morele standpunten van de betrokkenen. Als dit doel gerealiseerd wordt, heeft dit vaak een beter onderling begrip in het team tot gevolg. Ook is het mogelijk om met behulp van deze methode helderheid te geven over morele keuzes in standaardsituaties van het vak of het team, en deze keuzes vast te leggen. We noemen dit het creëren van *moresprudentie*.

Moresprudentie

De dilemmamethode is een gesprek dat verloopt volgens acht stappen:
1 Introductie
2 Formuleren van het dilemma of de morele vraag
3 Verhelderen en verplaatsen
4 Benoemen van morele uitgangspunten
5 Zoeken naar alternatieven
6 Maken van een eigen afweging
7 Overeenkomsten en verschillen in de kwestie zoeken
8 Terugblik

Onder de deelnemers moet een gespreksleider zijn die er secuur op toeziet dat de stappen onderscheiden doorlopen worden, dus niet door elkaar gehaald worden. De deelnemers zullen deze neiging hebben dus de gespreksleider moet hierop voorbereid zijn, lees: geoefend zijn in het gebruik van de methode.

Stap 1 Introductie
De gespreksleider zorgt voor een deugdelijke kennismaking, formuleert de doelstellingen en verwachtingen, geeft duidelijkheid over de verslaglegging, en maakt duidelijk dat iedereen vrij mag spreken en dat er dus vertrouwelijkheid geldt. Dit laatste is vooral een kwestie van sociale veiligheid. De deelnemers moeten immers vrij kunnen spreken en dan moet dat wat ze zeggen niet buiten het gesprek, in een andere context aangehaald worden.

Stap 2 Formuleren van het dilemma of de morele vraag
Een van de deelnemers beschrijft een casussituatie die deze deelnemer zelf heeft meegemaakt. In de casusbeschrijving worden zowel feiten als handelingen als gevoelens opgenomen. Deze casus blijft de focus van het hele gesprek.
De inbrenger van de casus beschrijft een gedragskeuze in de vorm van een vraag ('Moet ik gedrag A of gedrag B volgen?')
De deelnemers schrijven voor zichzelf hun intuïtief oordeel op.

Stap 3 Verhelderen en verplaatsen
Deelnemers stellen verhelderingvragen om zich te kunnen verplaatsen in het voorbeeld zodat zij later zelf een antwoord op de dilemmavraag kunnen geven.

Stap 4 Benoemen van morele uitgangspunten
Welke waarden en normen en deugden maken een verschil voor het beantwoorden van de dilemmavraag? De deelnemers formuleren deze en de gespreksleider ziet erop toe dat ze precies geformuleerd worden, en ook zo dat het echt normatieve uitspraken zijn.

Stap 5 Zoeken naar alternatieven
Vrije brainstorm naar reële en irreële alternatieven om uit het dilemma te komen. Dit is een stoomafblaasmoment voor de deelnemers. Soms geven de casus en de vraag zoveel energie of morele emotie dat het belangrijk is om woorden te geven aan alles wat je voelt en denkt. Stap 5 kan ook al eerder in het gesprek toegepast worden maar het is belangrijk dat hij afgegrensd wordt door de gespreksleider.

Stap 6 Maken van een eigen afweging
Iedereen schrijft voor zichzelf op:
'Het is moreel juist dat ik ... [feitelijke gedragskeuze formuleren] doe
omdat ... [doorslaggevende morele argumenten]
ondanks dat ... [sterkste tegenargument]
hiervoor heb ik nodig (persoonlijk, als team of als organisatie) ...'

Stap 7 Overeenkomsten en verschillen in de kwestie zoeken
De deelnemers zoeken gezamenlijk uit waar ze het over eens zijn met elkaar, en waarover niet. Welke vragen roepen de verschillen op?
De deelnemers proberen overeenstemming te bereiken door als groep een keuze te formuleren. Welke acties op basis van welke argumenten verdienen de voorkeur?
Welke praktische werkafspraken volgen hieruit en maken we in deze bijeenkomst?

7

Stap 8 Terugblik
Afrondend kijken de deelnemers terug op het proces. Hoe heb je deze bijeenkomst ervaren? Wat was voor jou de essentie? En hoe kunnen we een volgend moreel beraad nog beter doen?

REFLECTIEVRAAG

7.4 Kijk eens terug op je leven: wanneer in je leven had je een moreel gesprek moeten voeren en kwam het er niet van?

7.5 Waardoor kwam het er niet van?

Samenvatting

Morele ontwikkeling is in wezen het ontwikkelen van jouw persoon. Dit gebeurt als je jezelf de vraag stelt, 'Wat wil ik betekenen in deze situatie?' Het beantwoorden van zulk soort vragen is voor te stellen als het doorlopen van een U-vorm in je bewustzijn.

Dit betekent dat je met een open geest, open hart en open wil onderzoekt wie je wilt zijn, om van daaruit activiteit te ontplooien om jezelf en je omgeving te veranderen.

Om een vergelijkbaar proces met een groep te doorlopen moet er aan een aantal voorwaarden zijn voldaan:

- Iedereen moet mee (kunnen) doen.
- Macht mag geen rol spelen.
- Je moet in de breedte alles kunnen bespreken.
- De argumenten moeten relevant zijn.

Als aan deze voorwaarden is voldaan, kun je met een groep een moreel beraad uitvoeren. Je gebruikt hiervoor de dilemmamethode die bestaat uit de volgende acht stappen:

1 Introductie
2 Formuleren van het dilemma of de morele vraag
3 Verhelderen en verplaatsen
4 Benoemen van morele uitgangspunten
5 Zoeken naar alternatieven
6 Maken van een eigen afweging
7 Overeenkomsten en verschillen in de kwestie zoeken
8 Terugblik

Wie word jij?

My actions
are my
only true
belongings.

8 Systematische morele beoordeling van een situatie

Waarover maak jij je druk?
Wat is je punt?
Wat is jouw vraag?
Meen jij wat je zegt?
En geloven mensen jou?

In hoofdstuk 1 zagen we hoe belangrijk het is om een moreel onderbouwd oordeel te kunnen formuleren. In de hoofdstukken erna hebben we aangegeven hoe je hiertoe komt. Als we een morele kwestie tegenkomen waarvan onze morele intuïtie zegt dat er moreel iets van ons gevraagd wordt, we voelen aan dat er moreel iets aan de hand is, dan proberen we een steekhoudend moreel oordeel te vellen over deze kwestie.
Tot dit morele oordeel komen we door eerst een morele vraag te formuleren over dat wat ons het meest prikkelt in de kwestie. Vervolgens analyseren we welke morele uitgangspunten een rol spelen in het beantwoorden van deze vraag. In dit hoofdstuk komen we tot een stappenplan om dit proces van morele vraag naar moreel onderbouwd oordeel te begeleiden in paragraaf 8.3. Maar eerst bespreken we in paragraaf 8.1 hoe je tot een goede morele vraag komt en onderzoeken we in paragraaf 8.2 wat er van jou persoonlijk gevraagd wordt als je zo'n stappenplan doorloopt.

8.1 Formuleren van een morele vraag

We beschouwen ons morele oordeel als een antwoord op een morele vraag. Dit is niet vanzelfsprekend en ook niet eenvoudig, maar het is een hulpmiddel om een proces op gang te krijgen waarin we ons oordeel beter kunnen onderbouwen en uitleggen aan anderen, en waarin we beter kunnen oordelen in situaties die we nog niet eerder hebben meegemaakt.

Morele vraag

Laten we eens kijken hoe een *morele vraag* eruitziet. Aan welke criteria moet een morele vraag voldoen? We beantwoorden deze vraag aan de hand van een voorbeeld over Gerwin en Claire.

Gerwin is afdelingshoofd en hij vindt dat Claire, een van zijn medewerkers, een cursus moet doen voor haar werk. Claire vindt dit prima, maar de cursus is buiten werktijd en Gerwin staat niet toe dat Claire de cursusuren als overuren schrijft. Hij stelt dat Claire blij moet zijn dat het bedrijf de cursus voor haar betaalt. Zij leert er immers van. Dat Claire dit in haar eigen tijd moet doen is toch niet te veel gevraagd?

Wat voor morele vraag kunnen we over deze situatie stellen? Laten we eerst kijken aan welke kenmerken een goede morele vraag voldoet.
Een relevante morele vraag ziet er als volgt uit:

1 Een morele vraag is in zijn formulering neutraal.
2 De gestelde vraag moet wel een echte vraag zijn.
3 De vraag moet de morele pijn opzoeken.
4 De vraag moet over jouw eigen gedrag gaan.

Ad 1 Een morele vraag is in zijn formulering neutraal

Neutrale formulering

Een vraag als ‘Mag Gerwin misbruik maken van zijn macht als baas door Claire op cursus te sturen?’ is al veroordelend over Gerwin door het woord misbruik, dat een afkeuring inhoudt. Een betere formulering is: ‘Mag Gerwin als baas Claire verplichten op cursus te gaan buiten werktijd?’ of: ‘Is het rechtvaardig dat Gerwin Claire verplicht op cursus stuurt buiten werktijd?’
Nu moet deze neutraliteit niet op de spits gedreven worden. Een morele vraag is nooit vrijblijvend en in die zin nooit neutraal. Dus vragen of iets rechtvaardig of eerlijk is, is altijd een zekere vorm van kritiek, want de vraag komt alleen op als er blijkbaar getwijfeld wordt aan de rechtvaardigheid of eerlijkheid. Het standpunt moet echter niet de overhand krijgen door formuleringen als: ‘Kun je het maken om …’, ‘Mag je liegen om …’, ‘Is het goed dat hij haar bedondert …’ en dergelijke. Dit punt hangt samen met het volgende criterium voor een morele vraag.

Ad 2 De gestelde vraag moet wel een echte vraag zijn

Over de vraag die je stelt, moet je redelijkerwijs wel van mening kunnen verschillen. Dus je moet niet vragen naar iets waarover iedereen het eens is. De vraag ‘Mag Gerwin besluiten nemen over het werk van Claire?’ is overbodig, want iedereen vindt dat dat mag. Zo zitten hiërarchische organisaties nu eenmaal in elkaar. De vraag of Gerwin besluiten mag nemen die de vrije tijd van Claire raken, is relevanter. Daarover kun je van mening verschillen.
We geven nog een voorbeeld van dit verschijnsel. De vraag ‘In hoeverre is het moreel aanvaardbaar dat voetbalsupporters treinstellen afbreken?’ is overbodig, want iedereen vindt dat niet goed. Een relevante vraag kan zijn:

'Is het een goede zaak dat voetbalsupporters die een trein hebben gesloopt, terug worden gestuurd zonder dat er vervolging plaatsvindt?' Een andere morele vraag kan zijn: 'Is het goed om de hele trein terug te sturen terwijl een kleine groep de trein gesloopt heeft?' Deze vraag kan ook relevant zijn, maar gaat duidelijk over een ander moreel punt. In de vraag moet dus duidelijk naar voren komen welk moreel uitgangspunt centraal staat. Waar zit de morele pijn? Daarover moet de vraag gaan. Dit hangt samen met het volgende criterium.

General concepts only have specific meaning.

Ad 3 De vraag moet de morele pijn opzoeken
Een goede morele vraag gaat over datgene waar je je in de betreffende situatie het meest druk om maakt. Als je je druk maakt om de situatie dat iemand vanuit zijn werk verplicht wordt een cursus in haar eigen tijd te volgen, moet je niet vragen: 'Is de cursus noodzakelijk voor het werk?' of: 'Is Gerwin een goede baas?' (Dit zijn overigens ook geen morele vragen.) Het is moeilijker aan dit criterium te voldoen dan het lijkt. Heel vaak weten we niet waar nu precies de morele schoen wringt. We hebben wel een gevoel van onbehagen, en voelen wel een morele onvrede of verontwaardiging, maar dat is veel te vaag. Het vergt het nodige eerlijke denkwerk om uit te zoeken waar de *morele pijn* zit. Bovendien kunnen we door gesprekspartners op het verkeerde spoor gezet worden, want waar je je het meest druk om maakt, is persoonsgebonden. Het kan verschillen per persoon.

Morele pijn

Een morele vraag moet de morele pijn opzoeken, zoals een tong de zere kies opzoekt.

Ad 4 De vraag moet over jouw eigen gedrag gaan
Een vraag als 'Is het goed dat het bedrijf macht heeft over Claire?' is niet gericht op een gedragskeuze van iemand. De vraag is daardoor te vaag en veelomvattend en niet geschikt. Bovendien heeft het alleen zin om morele vragen te stellen die over jouw gedrag gaan. Over een ander oordelen is gratuit, maar je eigen keuzes zijn dat niet. Niemand is meer geïnteresseerd in jouw morele oordeel dan jijzelf. In dit boek oefenen we met voorbeelden die niet van jezelf zijn. Dat is inherent aan een onderwijssituatie. Maar in real life heeft het alleen zin om je over morele vragen te buigen waar jouw gedrag een verschil maakt.

Niemand is méér geïnteresseerd in jouw morele oordeel dan jijzelf.

We kijken even terug. Waarom was het stellen en beantwoorden van een morele vraag zo belangrijk? We kozen aan het eind van hoofdstuk 1 voor de volgende aanpak:
1 Om onze morele competentie te verhogen, moeten we onze morele oordelen beter onderbouwen.
2 Hiertoe formuleren we een morele vraag, waarop ons intuïtief moreel oordeel een antwoord *kan* zijn.
3 Deze vraag gaan we vervolgens systematisch beantwoorden.
4 In het proces van het systematisch beantwoorden van de vraag komen dan vanzelf de relevante morele argumenten bovendrijven.

Morele competentie

Is hiermee voldoende gezegd? Voldoen we hiermee aan de opdracht onze morele competentie te verhogen? Nee. In de volgende paragraaf kijken we naar de *houding* die nodig is om zo'n zoektocht naar argumenten vruchtbaar te laten zijn.

REFLECTIEVRAAG

8.1 Kun jij een vraag stellen aan jezelf? Kun jij dat echt?

8.2 Gevoelig denken

Het systematisch beantwoorden van morele vragen, ook al gebeurt het nog zo nauwkeurig aan de hand van ethische theorieën en een stappenplan, stelt niets voor als degene die het uitvoert niet zelf bewogen wordt door een oprechte zorg voor het morele lot van zichzelf en de medemens. Morele competentie is een zaak van argumenten én een zaak van het hart. Dit heeft de volgende consequenties:
1 We moeten de argumenten die we inbrengen in een morele afweging (zeg maar: invullen in een moreel stappenplan), kritisch onder de loep nemen en kijken of we ze werkelijk voor onze rekening nemen.
2 We moeten extra aandacht besteden aan de vraag of we daadwerkelijk gaan doen wat we concluderen dat goed is.

Over dit laatste punt, dus over de vraag of we onze goede voornemens ook uitvoeren, handelde hoofdstuk 7. We besteden nu aandacht aan het werkelijk menen van onze argumenten.

TIP
Neem niet elke vraag serieus. Sommige vragen zijn het overwegen niet waard.

Meerdere keren is benadrukt dat de morele vraag die je stelt over een kwestie, een gemeende vraag moet zijn. Het stellen van een morele vraag is een keuze, jouw keuze! Er kunnen immers altijd andere vragen gesteld worden. Dus je moet de vraag die je stelt wel menen. In die zin is het stellen van een morele vraag al net zo'n persoonsgebonden morele activiteit als het oordelen, waarvan we in hoofdstuk 1 aangaven dat het aan de persoon gebonden is. Maar als een morele vraag en een bijbehorend moreel oordeel aan een persoon gebonden zijn, dan zijn de argumenten die de verbinding tussen die twee vormen, natuurlijk ook persoonsgebonden. En dat kennen we ook uit onze morele ervaringen. Wat voor de een een sterk en overtuigend argument is, is voor de ander een onbelangrijk gegeven.

'Het hart heeft zijn redenen die het verstand niet kent.'

— Blaise Pascal, Frans wiskundige

Bij het beantwoorden van een morele vraag is het niet zozeer zaak het juiste argument te vinden in de bibliotheek van de ethische theorie. Het komt er vooral op aan het juiste argument te vinden in je eigen bibliotheek, in je eigen verzameling morele ervaringen, halve gedachten, vage herinneringen en eerder gevormde oordelen. Hiervoor is het nodig dat je *gevoelig denkt*. Dit betekent dat je openstaat voor zwakheden en halve waarheden in je eigen bibliotheek van morele argumenten, maar natuurlijk ook dat je eerlijk bent als een kwestie principieel is voor jou. Dat een morele overtuiging gewoon rotsvast staat. Als je geconstateerd hebt dat een overtuiging principieel is, moet je dat ook erkennen. Hetgeen je niet van de plicht ontslaat om voor de overtuiging weer argumenten aan te voeren, waarvan je dan weer gevoelig na moet gaan of je die argumenten wel meent.

Gevoelig denken

'Je moet het wel menen, Potter!'

— Severus Sneep

Kortom, het vormen van een moreel oordeel is een zaak waar je met je hele hebben en houden in zit. Je zit er met je hele persoon in en je sociale omgeving kent je aan de wijze waarop je een oordeel vormt en er uiting aan geeft. Alleen dan maken al je morele overwegingen een verschil. Zo niet, dan is het een overbodige inspanning. Het is ongeveer zoals Harry Potter, die probeert Draco Malfidus te vervloeken maar dit niet goed durft, waardoor de vervloeking niet werkt. 'Je moet het wel menen, Potter!', snauwt Sneep hem toe.
Dit *menen wat je zegt* en daardoor ook effect hebben met je woorden, noemden we in het vorige hoofdstuk de *integriteit* van de professional.

Menen wat je zegt

Integriteit

REFLECTIEVRAAG

8.2 Meen jij wat je zegt? En blijkt dit ook uit het effect van je woorden op anderen?

8.3 Stappenplan voor moreel oordelen

Als je een moreel oordeel geeft over een situatie of een handeling heb je meestal al een intuïtief moreel oordeel. Dit intuïtief oordelen kan heel goed werken zolang het morele vraagstuk niet al te complex is en zolang je niet aan anderen hoeft uit te leggen waarom je iets vindt. Is de situatie wel complex, kom je er met je intuïtie niet uit, of vragen anderen wel om een verantwoording van je oordeel, dan is het zaak om een onderbouwd moreel oordeel te formuleren. Om hiertoe te komen, gebruiken we het volgende *stappenplan*.

Stappenplan

Het toepassen van het stappenplan is geen vraag-en-antwoordspel. Zoals we in de vorige paragraaf hebben gezien, vergt het gebruik van het stappenplan een genuanceerd denken. Zo zullen in de meeste morele kwesties lang niet alle vragen in het stappenplan relevant zijn. Als een moreel uitgangspunt geen rol speelt in de kwestie, constateer dat dan ('vrijheid speelt geen rol in deze kwestie') en sla het over in het stappenplan. Bovendien zit er overlap tussen stap 1 en stap 2. Het stappenplan is vergelijkbaar met de handleiding van een IKEA-kast. Het is allemaal volkomen vanzelfsprekend. Je begrijpt alle plaatjes, tot het plotseling niet meer klopt. Je moet dan terug in de beschrijving en kijken waar je iets verkeerd hebt gedaan. Het enige wat je kunt doen is rustig, nauwkeurig blijven kijken in hetzelfde stappenplan.

Stappenplan voor een onderbouwd moreel oordeel

Stap 1 Beschrijf de situatie

a Wat is er aan de hand?
b Welke vraag wil jij beantwoorden?

Stap 2 Morele analyse

Welke normen, waarden en deugden spelen *in deze vraag* een rol?

a Wat zijn de (moreel relevante) gevolgen van de verschillende keuzes? Welke waarden worden gerealiseerd met een keuze?
b Wat zijn de morele plichten die op het spel staan? Welke norm wil je waarmaken? Welke norm durf je te overtreden?
c Wat voor mens wil je zijn? Wat betekent een keuze voor jou persoonlijk?

Verantwoordelijkheid

a Welke verantwoordelijkheden van jouzelf spelen een rol? Wat voor soort verantwoordelijkheden zijn dit?
b Welke vrijheden van betrokkenen staan op het spel? Heb jij een verantwoordelijkheid om hier zorg voor te dragen? Zijn deze vrijheden ook rechten?
c Is er sprake van een onrechtvaardige behandeling, verdeling of een onrechtvaardige procedure? En zo ja, is dit iets wat op jouw bordje ligt?

Stap 3 Formulering van een oordeel

a Welke concrete invullingen van de morele uitgangspunten, in termen van de kwestie die aan de orde is, vind je het belangrijkst?
b Beantwoord je morele vraag in concrete bewoordingen.

Stap 4 Reflectie op het oordeel

a Heb je aan de gevolgen gedacht?
b Heb je gedacht aan dat waartoe je je verplicht voelt, en aan wat voor mens je wilt zijn?
c Hoe voel je je bij deze conclusie?
d Ga je het ook doen?

TIP
Geef aandacht aan gevoelens. Probeer ze te onderscheiden.

Toelichting op het stappenplan

Stap 1 Beschrijf de situatie

a Bestudeer de situatie en leg uit welke morele vragen deze oproept. Dit zijn er bijna altijd meerdere.
b Kies de vraag die jij wilt beantwoorden. Dit moet de vraag zijn die het meest discussie oproept, de meeste verontwaardiging bij je losmaakt. Let er daarbij op dat er een gedragskeuze van iemand centraal staat en de vraag geen veroordelende formuleringen bevat.

Stap 2 Morele analyse

Geef aan welke normen, waarden en deugden (morele uitgangspunten) van belang zijn voor de beantwoording van de vraag. Formuleer de normen specifiek en leg uit hoe de waarden en deugden *precies* een rol spelen in deze kwestie. Let erop dat je je beperkt tot die morele uitgangspunten die van belang zijn voor *jouw vraag*. Dus niet alles wat speelt in de situatie noemen.

Verantwoordelijkheid

a Wie is de hoofdverantwoordelijke in de door jou geformuleerde vraag? Wat is precies de verantwoordelijkheid die een verschil maakt voor het antwoord op jouw vraag (of wat zijn de verantwoordelijkheden die een verschil maken)? Let op dat je nauwkeurig beschrijft wat de verantwoordelijke precies moet doen. Wat voor soort verantwoordelijkheid betreft dit?
b Zijn er wettelijke verplichtingen en afspraken in een organisatie, of is het een morele plicht?
c Geef bij alle betrokkenen aan welke vrijheden ze hebben, zouden moeten hebben of welke vrijheden juist aangetast worden. Geef vervolgens expliciet aan of jij een verantwoordelijkheid hebt voor deze vrijheden.
d Hoe speelt jouw verantwoordelijkheid voor de rechtvaardigheid een rol? Is er sprake van een onrechtvaardige behandeling, verdeling of een onrechtvaardige procedure? Welke grondrechten zijn in het geding? Zijn er wellicht specifieke rechten die al dan niet erkend moeten worden? Als het een verdelingskwestie is: welk principe van verdeling wordt gebruikt, en is dit het juiste principe in deze situatie? Leg uit waarom. Kun je kritiek uitoefenen op de gevolgde procedure? Is er rechtvaardig gekozen voor deze procedure en realiseert deze procedure de gewenste principes?

Stap 3 Formulering van een oordeel

a Welke concrete invullingen van de morele uitgangspunten (normen, waarden, deugden) die je geanalyseerd hebt in stap 1 en 2 vind je het belangrijkst? Licht toe waarom je deze morele uitgangspunten het belangrijkst vindt met behulp van wat je in de analyse geschreven hebt over vrijheid, recht, morele verantwoordelijkheid en rechtvaardigheid. Formuleer zo veel mogelijk concreet, in termen van de kwestie die aan de orde is.

b Beantwoord je morele vraag in concrete bewoordingen.

Stap 4 Reflectie op het oordeel

a Heb je van verschillende soorten ethiek gebruikgemaakt? Zijn er zowel normen als waarden als deugden betrokken bij je conclusie? Zo niet, probeer nogmaals om ze te vinden.

b Hoe voel je je bij deze conclusie? Heb je er vertrouwen in dat je goed zit? Durf je met je beslissing in de krant? Vertel je het thuis in geuren en kleuren? Indien dit niet het geval is, begin weer bij stap 1.

c Ga je het ook doen? Ga je je morele oordeel uitvoeren? Ga je zeggen wat je vindt of ga je doen wat jij vindt dat goed is om te doen? Indien nee, slaap er nog een nachtje over en bespreek de kwestie dan met iemand die eerlijk genoeg is om je tegen te spreken.

Samenvatting

Een stappenplan kun je pas toepassen als je een goede morele vraag hebt. Criteria hiervoor zijn:

- Een morele vraag is in zijn formulering neutraal.
- Het moet wel een echte vraag zijn.
- De vraag moet de morele pijn opzoeken.
- De vraag moet over jouw gedrag gaan.

Vervolgens is het zaak te menen wat je zegt (in gedachten).

Stap 1 Beschrijf de situatie
Wat is er aan de hand?

Stap 2 Morele analyse
- Welke normen, waarden en deugden spelen in deze vraag een rol?
- Welke verantwoordelijkheden van jouzelf spelen een rol?
- Welke vrijheden van betrokkenen staan op het spel en voor welke daarvan heb jij verantwoordelijkheid?
- Heb jij een verantwoordelijkheid om rechtvaardigheid te realiseren?

Stap 3 Formulering van een oordeel
Beantwoord je morele vraag in concrete bewoordingen.

Stap 4 Reflectie op het oordeel
Hoe voelt het? Ga je het ook doen?

Voor het toepassen van het stappenplan ter beoordeling van een morele vraag is een gevoelig denken nodig.

'Klopt het?'

Literatuur

Geraadpleegde literatuur
Veruit de meeste ideeën in dit boek zijn van anderen afkomstig. Het behoort echter tot het karakter van een lesboek geen precieze verwijzingen en verantwoording op te nemen. Van al het werk dat geraadpleegd is, noemen we de belangrijkste titels, niet als een poging tot verantwoording, dat is niet meer mogelijk, maar als verwijzing. Wie meer wil lezen, kan deze publicaties ter hand nemen.

Asperen, G.M. van (1986). *Tussen coöperatie en conflict: inleiding in de sociale filosofie.* Assen: Van Gorcum.
Badaracco, J.L. (2003). *Goed versus goed; managers en morele dilemma's.* Zaltbommel: Thema.
Bijlsma, J. (2005). *Over het voortreffelijke; tien lezingen over de ethica van Aristoteles.* Houten: Bohn Stafleu van Loghum.
Bolt, L., Verweij, M. & Delden, J. van (2003). *Ethiek in praktijk* (4e druk). Assen: Van Gorcum.
Bovens, M. (1990). *Verantwoordelijkheid en organisatie.* Zwolle: Tjeenk Willink.
Buitink, J., Ebskamp, J. & Groothof, R. (2012). *Moresprudentie, ethiek en beroepscode in het sociaal werk.* Amersfoort, ThiemeMeulenhoff.
Covey, S.R. (2000). *De zeven eigenschappen van effectief leiderschap.* Amsterdam: Business Contact.
Dalen, W. van (2009). *Integriteit in uitvoering; morele competenties voor professionals.* Groningen: Noordhoff Uitgevers.
Dalrymple, Th. (2004). *Leven aan de onderkant; het systeem dat de onderklasse in stand houdt.* Utrecht: Spectrum.
Delnoij, J. & Dalen, W. van (red.) (2003). *Het socratisch gesprek.* Budel: Damon.
Dohmen, J. (2002). *Over levenskunst; de grote filosofen over het goede leven.* Amsterdam: Ambo.
Dupuis, H.M. (1980). *Goed te leven: reflecties op de moraal.* Baarn: Ten Have.
Ebskamp, J. & Kroon, H. (1994). *Beroepsethiek voor sociale en pedagogische hulpverlening.* Nijkerk: Intro.
Engelfriet, R. & Geer, P. van der (2004). *Hoe vang ik een rat?* Eindhoven: Pepijn.
Epiktetos (1994). *Zakboekje; wenken voor een evenwichtig leven.* Vertaald en toegelicht door Hein van Dolen en Charles Hupperts. Nijmegen: Sun.
Frankena, W.K. (1978). *Fundamentele ethiek.* Assen: Van Gorcum.
Goleman, D. (1996). *Emotionele intelligentie: emoties als sleutel tot succes.* Amsterdam: Contact.
Hubbeling, H.G. & Veldhuis, R. (red.) (1985). *Ethiek in meervoud.* Assen: Van Gorcum.
Jeurissen, R. (red.) (2004). *Bedrijfsethiek, een goede zaak* (4e druk). Assen: Van Gorcum.
Kaptein, M. (2002). *De integere manager.* Assen: Van Gorcum.
Karssing, E. (2006). *Integriteit in de beroepspraktijk.* Assen: Van Gorcum.
Kessels, J. (1997). *Socrates op de markt; filosofie in bedrijf.* Amsterdam: Boom.
Kessels, J., Boers, E. & Mostert, P. (2002). *Vrije ruimte; filosoferen in organisaties; klassieke scholing voor de hedendaagse praktijk.* Amsterdam: Boom.

Lier, M. van (2000). *De 9 deugden voor je werk*. Utrecht: Het Spectrum.
MacIntyre, A. (2002). *After Virtue; a study in moral theory* (2nd edition). Notre Dame: University of Notre Dame Press.
McCoy, B.H. (2008). *Living into leadership; a journey in ethics*. Stanford: Stanford University Press.
McLemore, C.W. (2003). *Street smart ethics; succeeding in business without selling your soul*. Louisville: Westminster John Knox Press.
Morris, T. (1997). *If Aristotle Ran General Motors.* New York: Henry Hold & Co.
Musschenga, B. (2004). *Integriteit; over de eenheid en heelheid van de persoon*. Utrecht: Lemma.
Nussbaum, M. (1998). *Wat liefde weet. Emoties en moreel oordelen.* Amsterdam: Boom-Parrèsia.
Scharmer, C.O. (2010). *Theorie U - Leiding vanuit de toekomst die zich aandient*. Zeist: Christofoor.
Trompenaars, F. (1996). *Zakendoen over de grens; leren omgaan met andere culturen.* Amsterdam: Contact.
Velasquez, M.G. (1998). *Business Ethics: concepts and cases* (4th edition). New Jersey: Prentice Hall.
Vijver, H. (1998). *Ethiek van de gastvrijheid; een bedrijfsethiek voor de dienstverlening* (2e druk). Assen: Van Gorcum.
Wempe, J. & Melis, K. (1999). *Management en Moraal*. Houten: Stenfert Kroese.
Wierdsma, A. & Swieringa, J. (2011). *Lerend organiseren en veranderen*. Groningen: Noordhoff Uitgevers.
Williamson, M. (1996). *A return to love.* New York: HarperCollins Publishers.

Bijlage 1
Grondwet van het Koninkrijk der Nederlanden 2002 (hoofdstuk 1)

HOOFDSTUK 1 Grondrechten

Artikel 1
Allen die zich in Nederland bevinden, worden in gelijke gevallen gelijk behandeld. Discriminatie wegens godsdienst, levensovertuiging, politieke gezindheid, ras, geslacht of op welke grond dan ook, is niet toegestaan.

Artikel 2
1 De wet regelt wie Nederlander is.
2 De wet regelt de toelating en de uitzetting van vreemdelingen.
3 Uitlevering kan slechts geschieden krachtens verdrag. Verdere voorschriften omtrent uitlevering worden bij de wet gegeven.
4 Ieder heeft het recht het land te verlaten, behoudens in de gevallen, bij de wet bepaald.

Artikel 3
Alle Nederlanders zijn op gelijke voet in openbare dienst benoembaar.

Artikel 4
Iedere Nederlander heeft gelijkelijk recht de leden van algemeen vertegenwoordigende organen te verkiezen alsmede tot lid van deze organen te worden verkozen, behoudens bij de wet gestelde beperkingen en uitzonderingen.

Artikel 5
Ieder heeft het recht verzoeken schriftelijk bij het bevoegd gezag in te dienen.

Artikel 6
1 Ieder heeft het recht zijn godsdienst of levensovertuiging, individueel of in gemeenschap met anderen, vrij te belijden, behoudens ieders verantwoordelijkheid volgens de wet.
2 De wet kan ter zake van de uitoefening van dit recht buiten gebouwen en besloten plaatsen regels stellen ter bescherming van de gezondheid, in het belang van het verkeer en ter bestrijding of voorkoming van wanordelijkheden.

Artikel 7
1 Niemand heeft voorafgaand verlof nodig om door de drukpers gedachten of gevoelens te openbaren, behoudens ieders verantwoordelijkheid volgens de wet.
2 De wet stelt regels omtrent radio en televisie. Er is geen voorafgaand toezicht op de inhoud van een radio- of televisie-uitzending.

3 Voor het openbaren van gedachten of gevoelens door andere dan in de voorgaande leden genoemde middelen heeft niemand voorafgaand verlof nodig wegens de inhoud daarvan, behoudens ieders verantwoordelijkheid volgens de wet. De wet kan het geven van vertoningen toegankelijk voor personen jonger dan zestien jaar regelen ter bescherming van de goede zeden.
4 De voorgaande leden zijn niet van toepassing op het maken van handelsreclame.

Artikel 8
Het recht tot vereniging wordt erkend. Bij de wet kan dit recht worden beperkt in het belang van de openbare orde.

Artikel 9
1 Het recht tot vergadering en betoging wordt erkend, behoudens ieders verantwoordelijkheid volgens de wet.
2 De wet kan regels stellen ter bescherming van de gezondheid, in het belang van het verkeer en ter bestrijding of voorkoming van wanordelijkheden.

Artikel 10
1 Ieder heeft, behoudens bij of krachtens de wet te stellen beperkingen, recht op eerbiediging van zijn persoonlijke levenssfeer.
2 De wet stelt regels ter bescherming van de persoonlijke levenssfeer in verband met het vastleggen en verstrekken van persoonsgegevens.
3 De wet stelt regels inzake de aanspraken van personen op kennisneming van over hen vastgelegde gegevens en van het gebruik dat daarvan wordt gemaakt, alsmede op verbetering van zodanige gegevens.

Artikel 11
Ieder heeft, behoudens bij of krachtens de wet te stellen beperkingen, recht op onaantastbaarheid van zijn lichaam.

Artikel 12
1 Het binnentreden in een woning zonder toestemming van de bewoner is alleen geoorloofd in de gevallen bij of krachtens de wet bepaald, door hen die daartoe bij of krachtens de wet zijn aangewezen.
2 Voor het binnentreden overeenkomstig het eerste lid zijn voorafgaande legitimatie en mededeling van het doel van het binnentreden vereist, behoudens bij de wet gestelde uitzonderingen.
3 Aan de bewoner wordt zo spoedig mogelijk een schriftelijk verslag van het binnentreden verstrekt. Indien het binnentreden in het belang van de nationale veiligheid of dat van de strafvordering heeft plaatsgevonden, kan volgens bij de wet te stellen regels de verstrekking van het verslag worden uitgesteld. In de bij de wet te bepalen gevallen kan de verstrekking achterwege worden gelaten, indien het belang van de nationale veiligheid zich tegen verstrekking blijvend verzet.

Artikel 13
1 Het briefgeheim is onschendbaar, behalve, in de gevallen bij de wet bepaald, op last van de rechter.
2 Het telefoon- en telegraafgeheim is onschendbaar, behalve, in de gevallen bij de wet bepaald, door of met machtiging van hen die daartoe bij de wet zijn aangewezen.

Artikel 14
1 Onteigening kan alleen geschieden in het algemeen belang en tegen vooraf verzekerde schadeloosstelling, een en ander naar bij of krachtens de wet te stellen voorschriften.
2 De schadeloosstelling behoeft niet vooraf verzekerd te zijn, wanneer in geval van nood onverwijld onteigening geboden is.
3 In de gevallen bij of krachtens de wet bepaald bestaat recht op schadeloosstelling of tegemoetkoming in de schade, indien in het algemeen belang eigendom door het bevoegd gezag wordt vernietigd of onbruikbaar gemaakt of de uitoefening van het eigendomsrecht wordt beperkt.

Artikel 15
1 Buiten de gevallen bij of krachtens de wet bepaald mag niemand zijn vrijheid worden ontnomen.
2 Hij aan wie anders dan op rechterlijk bevel zijn vrijheid is ontnomen, kan aan de rechter zijn invrijheidstelling verzoeken. Hij wordt in dat geval door de rechter gehoord binnen een bij de wet te bepalen termijn. De rechter gelast de onmiddellijke invrijheidstelling, indien hij de vrijheidsontneming onrechtmatig oordeelt.
3 De berechting van hem aan wie met het oog daarop zijn vrijheid is ontnomen, vindt binnen een redelijke termijn plaats.
4 Hij aan wie rechtmatig zijn vrijheid is ontnomen, kan worden beperkt in de uitoefening van grondrechten voor zover deze zich niet met de vrijheidsontneming verdraagt.

Artikel 16
Geen feit is strafbaar dan uit kracht van een daaraan voorafgegane wettelijke strafbepaling.

Artikel 17
Niemand kan tegen zijn wil worden afgehouden van de rechter die de wet hem toekent.

Artikel 18
1 Ieder kan zich in rechte en in administratief beroep doen bijstaan.
2 De wet stelt regels omtrent het verlenen van rechtsbijstand aan minder draagkrachtigen.

Artikel 19
1 Bevordering van voldoende werkgelegenheid is voorwerp van zorg der overheid.
2 De wet stelt regels omtrent de rechtspositie van hen die arbeid verrichten en omtrent hun bescherming daarbij, alsmede omtrent medezeggenschap.
3 Het recht van iedere Nederlander op vrije keuze van arbeid wordt erkend, behoudens de beperkingen bij of krachtens de wet gesteld.

Artikel 20
1 De bestaanszekerheid der bevolking en spreiding van welvaart zijn voorwerp van zorg der overheid.
2 De wet stelt regels omtrent de aanspraken op sociale zekerheid.
3 Nederlanders hier te lande, die niet in het bestaan kunnen voorzien, hebben een bij de wet te regelen recht op bijstand van overheidswege.

Artikel 21
De zorg van de overheid is gericht op de bewoonbaarheid van het land en de bescherming en verbetering van het leefmilieu.

Artikel 22
1 De overheid treft maatregelen ter bevordering van de volksgezondheid.
2 Bevordering van voldoende woongelegenheid is voorwerp van zorg der overheid.
3 Zij schept voorwaarden voor maatschappelijke en culturele ontplooiing en voor vrijetijdsbesteding.

Artikel 23
1 Het onderwijs is een voorwerp van de aanhoudende zorg der regering.
2 Het geven van onderwijs is vrij, behoudens het toezicht van de overheid en, voor wat bij de wet aangewezen vormen van onderwijs betreft, het onderzoek naar de bekwaamheid en de zedelijkheid van hen die onderwijs geven, een en ander bij de wet te regelen.
3 Het openbaar onderwijs wordt, met eerbiediging van ieders godsdienst of levensovertuiging, bij de wet geregeld.
4 In elke gemeente wordt van overheidswege voldoend openbaar algemeen vormend lager onderwijs gegeven in een genoegzaam aantal scholen. Volgens bij de wet te stellen regels kan afwijking van deze bepaling worden toegelaten, mits tot het ontvangen van zodanig onderwijs gelegenheid wordt gegeven.
5 De eisen van deugdelijkheid, aan het geheel of ten dele uit de openbare kas te bekostigen onderwijs te stellen, worden bij de wet geregeld, met inachtneming, voor zover het bijzonder onderwijs betreft, van de vrijheid van richting.
6 Deze eisen worden voor het algemeen vormend lager onderwijs zodanig geregeld, dat de deugdelijkheid van het geheel uit de openbare kas bekostigd bijzonder onderwijs en van het openbaar onderwijs even afdoende wordt gewaarborgd. Bij die regeling wordt met name de vrijheid van het bijzonder onderwijs betreffende de keuze der leermiddelen en de aanstelling der onderwijzers geëerbiedigd.
7 Het bijzonder algemeen vormend lager onderwijs, dat aan de bij de wet te stellen voorwaarden voldoet, wordt naar dezelfde maatstaf als het openbaar onderwijs uit de openbare kas bekostigd. De wet stelt de voorwaarden vast, waarop voor het bijzonder algemeen vormend middelbaar en voorbereidend hoger onderwijs bijdragen uit de openbare kas worden verleend.
8 De regering doet jaarlijks van de staat van het onderwijs verslag aan de Staten-Generaal.

Register

Over de auteur

Wieger van Dalen studeerde filosofie en scheikunde aan de Universiteit Twente. Vanaf het begin van zijn werkzame leven heeft hij zich ontwikkeld in de toegepaste filosofie. Hij begeleidt al jaren socratische gesprekken en verzorgt integriteitstrainingen in organisaties. Als docent combineert hij deze ervaringen met groepen en organisaties in zijn onderwijs. Hij ziet ethiek als een proces van persoonlijke ontwikkeling op het morele vlak, dat je doorloopt door dingen te doen, niet door een theorie te leren. Daarom gebruikt hij veel oefeningen en opdrachten in zijn onderwijs. Zijn motto is 'De werkelijkheid tart elke theorie'. Je kunt veel leren van een stukje theorie, maar er is altijd wel een ervaring die leerzamer is. Daarom is het zijn ambitie dat in zijn lessen de studenten spreken en de docent luistert.